日本の絶景
京都

日本の絶景

おとな旅プレミアム

京都
CONTENTS

桜満開の古都

平安神宮……6
醍醐寺……10
善峯寺……14
仁和寺……18
高台寺……20
青蓮院門跡 将軍塚青龍殿……22
退蔵院……24
竹中稲荷神社……26
旧嵯峨御所 大本山大覚寺……28
金戒光明寺（くろ谷）……30
十輪寺……32
六孫王神社……33

香しい花参詣のとき

城南宮……36
平等院……40
三千院……44
北野天満宮……48
西明寺……50
勧修寺……52
妙満寺……54
松尾大社……56
三室戸寺……58
長岡天満宮……60
柳谷観音楊谷寺……62
法金剛院……64
霊鑑寺……65

京もみじ、社寺に舞う

東福寺……68
清水寺……72
永観堂（禅林寺）……76
東寺（教王護国寺）……80
瑠璃光院……84
貴船神社……88
南禅寺……92
大悲閣千光寺……94
神護寺……96
毘沙門堂……98
梨木神社……100
地蔵院（竹寺）……102
源光庵……104
宝筐院……106
妙覺寺……107

京の庭に射す光

祇王寺……110
龍安寺……114
天龍寺……118
修学院離宮……122
桂離宮……126
元離宮 二条城 二の丸庭園……128
京都仙洞御所……130
無鄰菴……132
等持院……134
実相院……136
円山公園……138
宝泉院……139

古都の歴史散歩

渡月橋 …… 142
哲学の道 …… 146
祇園新橋 …… 150
産寧坂 …… 154
嵯峨鳥居本 …… 156
上賀茂社家町 …… 158
鴨川デルタ …… 160
蹴上インクライン …… 162
伏見 …… 164

COLUMN

華やかなりし京都三大祭を見に行く …… 4
約60種の桜が咲く平野神社 …… 34
社寺に彩りを添える現代アート …… 66
眺望抜群。列車に乗って
京の紅葉狩り …… 108
開園から100周年。
京都府立植物園 …… 140
旅の玄関口・京都駅を歩く …… 165

絶景MAP …… 166
INDEX …… 174

本書のご利用にあたって

● 本書中のデータは2025年2月現在のものです。料金、営業時間、休業日、メニューや商品の内容などが、諸事情により変更される場合がありますので、事前にご確認ください。
● 本書に紹介したショップ、レストランなどとの個人的なトラブルに関しましては、当社では一切の責任を負いかねますので、あらかじめご了承ください。
● 営業時間、開館時間は実際に利用できる時間を示しています。ラストオーダー(LO)や最終入館の時間が決められている場合は別途表示してあります。
● 営業時間等、変更する場合がありますので、ご利用の際は公式HPなどで事前にご確認ください。
● 休業日に関しては、基本的に定休日のみを記載しており、特に記載のない場合でも年末年始、ゴールデンウィーク、夏季、旧盆、保安点検日などに休業することがあります。
● 料金は消費税込みの料金を示していますが、変更する場合がありますのでご注意ください。また、入館料などについて特記のない場合は大人料金を示しています。
● 交通表記における所要時間、最寄り駅からの所要時間は目安としてご利用ください。
● 駐車場は当該施設の専用駐車場の有無を表示しています。
● 掲載写真は取材時のもので、料理、商品などのなかにはすでに取り扱っていない場合があります。
● 掲載している資料および史料は、許可なく複製することを禁じます。

データの見方

☎ 電話番号	休 定休日
所 所在地	料 料金
開 開館／開園／開門時間	交 アクセス
営 営業時間	P 駐車場

地図のマーク

⛩ 神社	S ショップ
卍 寺院	♨ 温泉
⊗ 学校	🚏 バス停
H 宿泊施設	

COLUMN

時を超えた美を見る饗宴
華やかなりし京都三大祭を見に行く

平安時代から続く優雅な行列、豪華な山鉾の巡行、歴史を振り返る壮大な行列。
京都で紡がれてきた祭りは、地域の人々からも愛されている。タイムスリップする特別なひとときを。

古の風情、葵の葉が彩る優雅な祭り

葵祭(賀茂祭) 5月15日
あおいまつり（かもさい）

約1500年前に始まった、上賀茂神社と下鴨神社の例祭。国家の安泰と国民の安寧を祈る重要な行事で、勅使による御祭文奏上や東游などが行われる。

上賀茂神社 ▶P.159
かみがもじんじゃ
京都市北区 MAP P.166 C-2

下鴨神社 ▶P.161
しもがもじんじゃ
京都市左京区 MAP P.171 E-1

平安時代の装束をまとった約500名の行列。京都御所から下鴨神社、上賀茂神社へと約8kmを移動する。行列の参加者や牛車などすべてに葵の葉が飾られている

祇園の心を感じる夏の風物詩

祇園祭 7月1～31日
ぎおんまつり

疫病除去を祈願するために貞観11年(869)に始まった日本三大祭のひとつ。7月1日の「吉符入」から始まり、31日の「疫神社夏越祭」まで約1カ月間にわたって、さまざまな行事が行われる。

八坂神社 やさかじんじゃ ▶P.153
京都市東山区 MAP P.171 E-3

山鉾巡行は17日と24日に行われる祭りのハイライト。34基の山鉾が巡行し、豪華な装飾や美しい懸装品が見どころ

延暦から明治の京都に思いを馳せる

時代祭 10月22日
じだいまつり

平安遷都1100年を記念し、平安神宮が創建された明治28年(1895)に始まった。京都の歴史を一目で理解できる行列が特徴で、各時代の天皇など、京都にゆかりのある人物に扮した市民が練り歩く。

平安神宮 へいあんじんぐう ▶P.6
京都市左京区 MAP P.171 E-2

時代風俗行列は、平安時代から明治維新までの8つの時代を再現している。約2000人の市民が参加する

桜満開の古都

古(いにしえ)の都の春は桜が彩る。
ソメイヨシノ、御室桜や不二桜、平野妹背など
さまざまな色合いの桜が、寺社の境内を染め、
うららかな風とともに春の訪れを告げる。

京都市左京区 MAP P.171 E-2

平安神宮
へいあんじんぐう

文豪たちも絶賛した名所
高らかに京洛の春を謳う

季節のたより
桜 3月下旬〜4月上旬
花菖蒲 5月下旬〜6月中旬
紅葉 11月中旬〜下旬

桜満開の古都

神苑の入口を飾る壮麗な白虎楼と紅しだれ桜。東方の蒼龍楼とともに平安京朝堂院の様式を模したもので、都の西を守護している

> 朱塗りの大鳥居をくぐり、神宮道をまっすぐ歩いた先に見えてくるのは、華やかに彩られた社殿が並ぶ境内。現代に再現された平安京の世界を体感できる。

平安遷都1100年を記念して明治28年(1895)に創建。平安京大内裏の正庁を模した大極殿や応天門など、碧瓦丹塗りも鮮やかな社殿が立ち並ぶ。2025年は鎮座から130年を迎える年。「平安神宮百三十年祭記念事業」として、社殿の塗り替えなどを行っている。

神苑は明治の造園家7代目小川治兵衞の手によるもので、東・中・西・南の4つの庭からなり、橋殿や茶亭を配した池泉回遊式庭園には約20種300本の桜がある。特に谷崎潤一郎の『細雪』と川端康成の『古都』でも、ともに「ここの花をおいて、京洛の春を代表するものはないと言ってよい」と描かれた紅しだれ桜は、池の水面に花影を映して優雅な風景を見せる。

東神苑の尚美館(貴賓館)の両側に咲き並ぶ紅しだれ桜は栖鳳(せいほう)池に花影を映して雅やか

春は朱塗りの大鳥居と十石船が走る疏水沿いの桜の共演が見事

南神苑と東神苑では夜桜とアーティストたちの演奏が楽しめる紅しだれコンサートを開催

西神苑の白虎(びゃっこ)池。200種・2000株の花菖蒲が見られる

ACCESS アクセス

京都駅
↓ 地下鉄烏丸線・東西線で15分(途中、烏丸御池駅で乗り換え)
東山駅
東山駅から徒歩15分。または京都駅から市バス5系統で32分、岡崎公園美術館・平安神宮前下車、徒歩3分。

INFORMATION 問い合わせ先
平安神宮　075-761-0221

DATA 観光データ
所 京都市左京区岡崎西天王町
開 6:00~17:00(夏期は~18:00)、神苑8:30~17:00(3月15日~9月30日は~17:30、11~2月は~16:30)、ライトアップ4月上旬予定　休 無休
料 境内無料、神苑600円　P なし

BEST TIME TO VISIT 訪れたい季節
神苑は京都文学にも登場する四季折々の草花の宝庫。紅しだれ桜が咲く春は多くの人出で賑わうが、桜の見頃を過ぎると初夏に向けて菖蒲にサツキ、スイレンなどが、秋になると萩に加えて紅葉などが楽しめる。

TRAVEL PLAN

平安神宮の周辺は京都市京セラ美術館など文化施設が集中するアート&カルチャーゾーン。疏水沿いや古社の桜や紅葉など散策も楽しいエリアだ。

COURSE

8:30	京都駅
	地下鉄15分+徒歩15分
9:00	平安神宮
	徒歩5分
10:30	京都市京セラ美術館
	徒歩5分
12:00	細見美術館
	徒歩15分
14:00	東天王 岡崎神社
	徒歩7分
15:00	金戒光明寺(くろ谷)
	バス40分
17:30	京都駅

平安神宮
へいあんじんぐう

天皇の朝賀・即位などの重要な儀式が行われた大極殿

※2025年末(予定)まで社殿の塗り替えのため、工事用足場が設けられている

細見美術館
ほそみびじゅつかん

MAP P.8- 2

昭和の実業家・細見家3代が収集した日本美術を中心に展示。琳派や伊藤若冲などの江戸絵画のコレクションが特に人気。常設は設けず、四季折々のテーマで随時企画展を開催。

☎075-752-5555 市バス・岡崎公園美術館・平安神宮前下車、徒歩5分 京都市左京区岡崎最勝寺町6-3 10:00~17:00 月曜(祝日の場合は翌日)、展示替え期間 企画展により異なる なし

多彩な企画展が楽しみ
日本美術の魅力を紹介

神坂雪佳『金魚玉図(部分)』。ガラス玉の中を泳ぐ金魚を真正面から描いた

金戒光明寺(くろ谷)
こんかいこうみょうじ(くろだに)

MAP P.8- 4

浄土宗を開いた法然ゆかりの寺院や、新選組発祥の地として知られる。江戸時代末期に造られた山門に注目。

→P.30

京都市京セラ美術館
きょうとしきょうセラびじゅつかん

MAP P.8- 1

昭和8年(1933)に開館した京都市美術館がリニューアル。和と洋が融合した建築造形に再生され、京都画壇の名画から現代アートまで幅広く発信する。

☎075-771-4334 地下鉄・東山駅から徒歩10分 京都市左京区岡崎円勝寺町124 岡崎公園内 10:00~18:00(最終入場は展覧会により異なる) 月曜(祝日の場合は開館) コレクションルーム730円、企画展・別館は展示により異なる あり(有料)

伝統と革新の美を楽しむ
建築も注目の美術館

撮影:来田猛

建物正面の「ガラス・リボン」と呼ばれる流線型のガラス窓が印象的

東天王 岡崎神社
ひがしてんのう おかざきじんじゃ

MAP P.8- 3

平安京鎮護のため桓武天皇が建立。ウサギが氏神様の使いとされ、子授け・安産祈願の信仰を集める境内は狛兎や子授け兎などウサギづくし。

☎075-771-1963 市バス・東天王町下車、徒歩4分 京都市左京区岡崎東天王町51 境内自由(社務所9:00~17:00) なし

狛兎が出迎える
ウサギだらけの古社

白とピンクの2色から選べるさぎみくじお守り。各500円

見上げれば
桜に彩られた山門が

山門の背後にも階段が続き、見下ろすこともできる

CAFE

庭を眺めながら生チョコを堪能

Kyoto 生 chocolat Organic Tea House
キョウト なま ショコラ オーガニック ティー ハウス

MAP P.8- 5

リンゴンベリー入りのフェアリーテールも楽しめるチョコセット&ドリンク1200円

☎075-751-2678 市バス・岡崎公園 美術館・平安神宮前下車、徒歩10分 京都市左京区岡崎天王町76-15 12:00~20:00(LO) 不定休 なし

桜満開の古都

京都市伏見区 MAP P.169 D-2

醍醐寺
だいごじ

醍醐山の華やかな国宝建築を彩る春と秋の優雅な日々

季節のたより
桜 3月下旬〜4月上旬
紅葉 11月中旬〜12月上旬

桜満開の古都

醍醐天皇の菩提を弔うために建立された高さ38mの国宝の五重塔前には、しだれ桜がこぼれんばかりに咲き誇る

> 醍醐山の全山を寺域とし、豊臣秀吉が晩年、「醍醐の花見」を行ったことでも知られる。広大な境内には約700本もの桜が点在。諸堂を彩る秋の紅葉時も格別。

　貞観16年(874)に空海の孫弟子理源大師・聖宝が醍醐水が湧く醍醐山上に草庵を結んだのが始まり。開創の地・山上の上醍醐、山裾の下醍醐合わせて国宝6棟、重文10棟を含む多くの建造物が立ち並ぶ。

　総門から仁王門にかけては「桜馬場」が続き、秀吉によって整備された三宝院から霊宝館、さらに五重塔や金堂など、それぞれの景色が桜名所として名を馳せる。三宝院にある壮麗な「太閤しだれ桜」とその遺伝子を継ぐクローン桜「太閤千代しだれ」など、秀吉が愛でた桜の子孫が特に注目だ。

醍醐の花見の子孫とされる「太閤しだれ桜」。推定樹齢160年以上

秋には朱塗りの橋や弁天堂が池に映り込む、逆さ紅葉が楽しめる

桜馬場の突き当たりに構える荘厳な朱色の仁王門

ACCESS
アクセス

京都駅
↓ 地下鉄烏丸線・東西線で35分
（途中、烏丸御池駅で乗り換え）

醍醐駅
醍醐駅から徒歩15分。または京都駅八条口から京阪バス京都醍醐寺ライン301系統で30分、醍醐寺下車すぐ。

INFORMATION
問い合わせ先

醍醐寺　075-571-0002

DATA
観光データ

京都市伏見区醍醐東大路町22
9:00～17:00(12月第1日曜日の翌日～2月は～16:30)受付は各30分前まで　無休　三宝院・伽藍・霊宝館3ヵ所券1500円、2ヵ所券1000円、1ヵ所券600円※春期(3月20日～4月第3日曜)は、3ヵ所券1800円、1ヵ所券800円　100台(5時間まで1000円)

BEST TIME TO VISIT
訪れたい季節

3月に咲き出す河津桜から始まり、しだれ桜、ソメイヨシノ、山桜、八重桜などが咲き継ぐ。特に弁天堂周辺や三宝院などでは紅葉シーズンも賑わう。

霊宝館前の石畳の参道。桜のトンネルが印象的

TRAVEL PLAN

醍醐寺の桜、随心院の梅、築地塀を彩る勧修寺や大石神社のしだれ桜など早咲きの花見スポットが多く、市内中心部より一歩先に桜や紅葉狩りが楽しめる。

醍醐寺
だいごじ

「醍醐の花見」の際に秀吉自らが設計したと伝わる三宝院庭園

CAFE

醍醐寺内にあるフレンチカフェ
Cafe sous le cerisier
カフェ スゥル スリジェ
MAP P.12-5

醍醐寺 薬膳カレー 薬膳ハーブスープ付き1270円

☎075-571-1321 ㉃地下鉄・醍醐駅から徒歩15分 ⌂京都市伏見区醍醐東大路町22醍醐寺内 ⏰10:00〜16:00(ランチは〜14:00) ㊡無休 ㊻醍醐寺駐車場利用

COURSE

8:50	京都駅
↓	バス35分
9:30	醍醐寺
↓	徒歩15分
12:30	随心院
↓	徒歩5分
13:40	京栄堂 小野店
↓	徒歩7分
14:00	勧修寺
↓	バス8分＋徒歩5分
15:30	大石神社
↓	徒歩5分＋バス8分
16:20	小野駅

随心院
ずいしんいん

梅の香り漂う　小野小町ゆかりの寺
MAP P.12-1

遅咲きの「はねずの梅」の名所。小野小町宅跡と伝えられ、小町化粧の井や文塚などが点在。小町の生涯をCGで描いた「極彩色梅匂小町絵図」(P.66)の襖絵はあでやか。

☎075-571-0025 ㉃地下鉄・小野駅から徒歩5分 ⌂京都市山科区小野御霊町35 ⏰9:00〜16:30(写仏・写経は〜14:00)、夜間特別拝観(11月中旬〜下旬)18:00〜20:30 ㊡寺内行事日 ¥500円 ㊻あり(無料)

「洛巽(らくそん)の苔寺」とも呼ばれ、本堂から表書院にかけて苔庭が広がる

京栄堂 小野店
きょうえいどう おのてん
MAP P.12-2

紀貫之の歌にちなんで作られた「つつみ生八ツ橋 去来花」や、小野小町の歌にちなんだ「つぶあん入り生八ツ橋 小町花伝」など、和歌にちなんだ八ツ橋が人気。

☎075-571-2071 ㉃地下鉄・小野駅から徒歩1分 ⌂京都市山科区勧修寺東出町46 ⏰9:00〜18:00 ㊡水曜 ㊻あり(無料)

三笠の生地でつぶ餡入り生八ツ橋を、まるごと包んだつつみ生八ツ橋去来花1個140円

和歌にちなんだ
オリジナル八ツ橋

つぶ餡入り生八ツ橋の小町花伝1個170円

勧修寺
かじゅうじ
MAP P.12-3

醍醐天皇が創建した門跡寺院。平安時代からある庭園は、氷室池に咲き誇るカキツバタ、スイレンなどの名所。

→P.52

氷室池の季節の花々に
平安の雅やかさが漂う

春の勧修寺を象徴する桜に囲まれた観音堂

大石神社
おおいしじんじゃ
MAP P.12-4

大石内蔵助以下赤穂浪士四十七士を祀る。討ち入りがあった12月14日に開催される「義士祭」は、忠臣蔵ファンで賑わう。

☎075-581-5645 ㉃地下鉄・小野駅から京阪バス・四条山科醍醐線312系統などで8分、大石神社下車、徒歩5分 ⌂京都市山科区西野山桜ノ馬場町116 ⏰参拝自由(宝物殿9〜16時) ㊻あり(無料)

忠臣蔵を語り継ぐ
満開の大石桜

ご神木として地元の人に「大石桜」と親しまれるしだれ桜

桜満開の古都

京都市西京区 MAP P.168 A-2

善峯寺
よしみねでら

西山の高台にたたずむ花の寺
色づく山里と京の街並みを見る

けいしょう殿や薬師堂のある奥の院から桜や境内、京都市内までを見下ろす

桜満開の古都

季節のたより
- 桜 4月上旬〜下旬
- サツキ 6月上旬
- アジサイ 6月中旬〜7月上旬
- 秋明菊 9月中旬〜10月下旬
- 紅葉 11月中旬〜12月上旬

> 京都盆地の西側を囲む西山連峰麓に位置し、約100本もの桜が咲く春の名所。
> 約3万坪もの広大な境内には、威厳ある観音堂やお花見スポットなどが豊富に揃う。

江戸時代に徳川綱吉の母・桂昌院の篤い信仰により発展した。特に樹齢約600年ともいわれる「遊龍の松」は寺の象徴的存在だ。

西山の中腹に位置するため境内には京都を一望できる場所が点在。境内にはしだれ桜をはじめ、山桜や彼岸桜など多様な種類の桜が咲く。満開になると、山全体が桜で染まり、晴れた日には遠く比叡山までも見渡せる。30～40分で境内を一周できるので、参拝後に、京都の街並みや四季の花々と諸堂が織りなす風景を眺めながら散策したい。

桜の季節が終わると白山櫻あじさい苑はアジサイの名所として姿を変える

明治18年(1885)建立の釈迦堂前に咲くしだれ桜

秋には阿弥陀堂へと続く石段の参道を鮮やかな紅葉が包み込む

ACCESS
アクセス

京都駅
↓ JR東海道本線(JR京都線)各停で7分

向日町駅
向日町駅から阪急バス66系統(1月6日～2月)は運休)で34分、善峯寺下車、徒歩7分。阪急バス66系統は阪急京都線・東向日駅にも停車する。バスは2025年5月末で廃止予定。以降はJR向日町駅または阪急京都線・東向日駅から車で20分。

INFORMATION
問い合わせ先

善峯寺 ☎075-331-0020

DATA
観光データ

所 京都市西京区大原野小塩町1372
開 8:30(土・日曜、祝日8:00)～17:00
休 無休 料 500円 P 150台(500円)

BEST TIME TO VISIT
訪れたい季節

梅雨の時期には青や紫のアジサイが白山櫻あじさい苑に咲き乱れる。参道に沿ってセイヨウアジサイ、ガクアジサイなど約8000株ものアジサイを観賞できる。紅葉の時季なら、真っ赤なモミジが朝日に照らされる早朝開門を狙うのもよい。

薬師堂への参道には、鮮やかなピンクや赤、白色のツツジが広がる

TRAVEL PLAN

長岡京、平安京の時代から貴族が花見や狩りを楽しんだ地で知られる西山。
神社仏閣のほか、竹林や渓谷も点在し、自然豊かな場所でゆったり過ごせる。

COURSE

9:20	向日町駅
↓	バス34分＋徒歩7分
10:00	善峯寺
↓	徒歩7分＋バス45分＋徒歩10分
13:00	大原野神社
↓	徒歩3分
14:15	正法寺
↓	徒歩15分
15:30	勝持寺
↓	徒歩20分＋バス27分
17:45	向日町駅

善峯寺
よしみねでら

山門は楼門形式で、木造建築の美しさを備える

正法寺
しょうぼうじ

MAP P.16- 2

境内には全国の名石を集め合計600tの岩があることから、別名「石の寺」。庭園「宝生苑」も名高く、庭石の形が鳥やペンギンなどの形に見えることから「鳥獣の石庭」とも呼ばれる。

☎075-331-0105 阪急バス・南春日町下車、徒歩8分 京都市西京区大原野南春日町1102 9:00～17:00 無休 300円 あり(無料)

向日丘陵の「竹の径」
むこう

MAP P.16- 4

全国でも有数のタケノコの産地に整備された、全長約1.8kmもの竹林の道。京都の竹林の道といえば嵐山がおなじみだが、向日市の道は静かで、風が竹の葉を揺らす音や鳥のさえずりがよく聞こえる。

☎075-874-1347(向日市産業振興課) JR向日町駅から阪急バス63・64系統で20分、東向日下車、徒歩7分 向日市寺戸町芝山～物集女町長野、中海道地内 散策自由 なし

竹の枝を束ねて作る「竹穂垣」をはじめ、竹垣が計8種類見られる

大原野神社
おおはらのじんじゃ

MAP P.16- 1

奈良の春日大社の最初の分社で、紫式部の『源氏物語』などにも記述が見られる。藤原一族においては、娘が生まれると中宮や皇后になれるよう、祈願が行われた。

☎075-331-0014 阪急バス・南春日町下車、徒歩10分 京都市西京区大原野南春日町1152 境内自由 あり(有料)

京春日の別称を持つ紫式部も崇めた氏神様

本殿は4棟、狛犬が鹿というのは全国的にも珍しい

動物の形に似た庭石を探しつつ庭園と向き合う

宝生苑からは東山連峰と京都の街並みを一望できる

勝持寺
しょうじじ

MAP P.16- 3

飛鳥時代に西山の麓に建てられた。平安末期の歌人・西行はこの寺で出家して庵を結び、しばらく起居した。

☎075-331-0601 阪急バス・南春日町下車、徒歩20分 京都市西京区大原野南春日町1194 9:30～16:30(受付は～16:00) 2月(予約すれば拝観可) 500円 あり(無料)

平安時代の歌人が深く愛した桜の寺

西行法師が愛でたと伝わる西行桜で知られる「花の寺」

桜満開の古都

京都市右京区 MAP P.170 C-2

仁和寺
にんなじ

京都の春の最後を飾る
花の雲と詠まれた遅咲きの御室桜

「御室(おむろ)桜」に浮かぶようにそびえる五重塔。御室桜は、樹高が低く、花(鼻)が低いということからお多福桜とも呼ばれた

季節のたより
- 桜 4月上旬～中旬
- ツツジ 4月中旬～5月上旬
- 紅葉 11月中旬～12月上旬

吉野の桜に匹敵するとも謳われた御室桜。
桜の香り漂う優美な諸堂と相まって訪れる人を癒やしてくれる。

仁和4年（888）に宇多天皇が創建。年号を寺名とし、天皇が退位ののち出家して御所を置いたので御室御所とも呼ばれた。慶応期まで皇族が入寺し、門跡寺院として格式を誇った。広大な境内には御所の紫宸殿を移した国宝の金堂、「きぬかけの路」に面した重厚な二王門や五重塔などの名建築が立ち並ぶ。

古くから桜の名所として知られ、中門を入ると西側一帯に約200本の御室桜の林が広がる。御室桜は高さ2〜4mで地上すれすれの枝まで花をつけ、散歩道からは目の高さで花見を満喫できる。

御室桜の通路の両側は薄紅色の生け垣のように彩られて華やかだ

ACCESS
アクセス

京都駅
↓ 地下鉄烏丸線で10分
今出川駅

今出川駅すぐの烏丸今出川バス停から市バス59系統で29分、御室仁和寺下車すぐ。または京都駅から市バス26系統で47分、御室仁和寺下車すぐ。ほか嵐電北野線・御室仁和寺駅から徒歩3分。

INFORMATION
問い合わせ先

仁和寺 ☎ 075-461-1155

DATA
観光データ

所 京都市右京区御室大内33
開 9:00〜17:00（12〜2月は〜16:30）
休 無料 御所庭園800円、御室花まつり特別入山料500円 P 約100台（500円）

BEST TIME TO VISIT
訪れたい季節

金堂の前のソメイヨシノ、鐘楼前のしだれ桜などが満開を迎えたあと、御室桜が遅い春を届ける。新緑、紅葉の時季も雅やかな諸堂を彩って落ち着いた風景が楽しめる。

紅紫色が目立つミツバツツジ。御室桜が咲く頃に見頃を迎える

桜のトンネルをゆくレトロ電車

嵐電・北野線
らんでん・きたのせん
MAP P.19

鳴滝駅〜宇多野駅間では、約200mの線路脇に植栽された約85本のソメイヨシノによる桜並木が楽しめる。

☎ 075-801-2511（京福電気鉄道 鉄道部 運輸課）交 京都駅から市バス26系統で40分、北野白梅町下車、北野白梅町駅まですぐ
開 休 料 HPで要確認

満開時を過ぎると電車が通過するたびに、花吹雪が舞う様子が眺められる

桜満開の古都

京都市東山区 MAP P.171 E-3

高台寺
こうだいじ

**アートも楽しめる方丈庭園
春の主役は一本のしだれ桜**

季節のたより
- 桜 3月下旬〜4月初旬
- ツツジ 4月中旬〜5月上旬
- シャクナゲ 4月
- クチナシ 6月中旬
- サルスベリ 8月中旬〜9月初旬
- 紅葉 11月中旬〜12月初旬

波心庭(方丈前庭)では、春にはしだれ桜、秋には紅葉が満喫できる。ライトアップ期間中は趣向を凝らしたプロジェクションマッピングが投影される

**東山を借景に桃山文化の粋を見せる堂宇と庭園は、
幻想的な雰囲気に包まれる夜間特別拝観も人気。**

豊臣秀吉の正室であった北政所(ねね)が秀吉の菩提を弔うため、慶長11年(1606)に徳川家康の支援を受けて創建した。東山の起伏に富んだ寺域に、開山堂や霊屋、茶室の時雨亭に傘亭など創建当初の建物が点在する。

偃月池と臥龍池からなる池泉回遊式と、枯山水「波心庭」の2つの庭園を有するが、春のハイライトは波心庭のしだれ桜。現在4代目で、白砂の枯山水に1本だけたたずみ咲き誇る姿は圧巻だ。夜の特別拝観時におけるライトアップやプロジェクションマッピングとのコラボレーションも見逃せない。

小堀遠州の作とされる池泉回遊式庭園。偃月池に架かる楼船廊には秀吉遺愛の観月台があり、ねねはここから秀吉を偲んで月を眺めたという

ACCESS
アクセス

京都駅
↓ 市バス206系統で18分
東山安井バス停

東山安井バス停から徒歩7分。または阪急京都線・京都河原町駅そばの四条河原町バス停から市バス207系統で5分、東山安井下車。

INFORMATION
問い合わせ先

高台寺 ☎075-561-9966

DATA
観光データ

所 京都市東山区下河原町526
開 9:00～17:30(受付は～17:00) 春・夏・秋の夜間特別拝観17:00～22:00(受付は～21:30) 休 無休 料 600円(掌美術館含む) P 80台(1時間600円)

BEST TIME TO VISIT
訪れたい季節

夜間特別拝観期間での、桜・竹林・紅葉のライトアップは毎年人気のイベントになっている。期間中は拝観チケットを購入するだけでも混雑するが、それでも見たいと思わせる境内の演出が見もの。ツツジは利生堂横、シャクナゲは臥龍池、クチナシは台所坂、サルスベリは庭園で見られる。

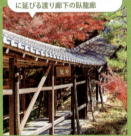

開山堂から霊屋まで龍の背のように延びる渡り廊下の臥龍廊

桜満開の古都

周辺のスポット

圓徳院
えんとくいん

MAP P.21

秀吉の妻・ねねが余生を過ごした寺。秀吉を祀る高台寺の西側に位置し、縁側からは2人の思い出深い庭園が望める。
☎075-525-0101 交 市バス・東山安井下車、徒歩4分 所 京都市東山区下河原町530 開 10:00～17:30(受付は～17:00) 休 無休 料 500円 P 高台寺駐車場利用

ねねの晩年を慰めた桃山期の枯山水庭園

伏見城の化粧御殿前庭を移した北庭は賢庭が造り、小堀遠州が整えた枯山水

21

京都市山科区 MAP P.171 E-3

青蓮院門跡
将軍塚青龍殿
しょうれんいんもんぜき しょうぐんづかせいりゅうでん

東山から見下ろす古都
伽藍と庭園を埋め尽くす春

将軍塚隣の西展望台からの眺め。手前から将軍塚、桜、東山の緑や山麓の街並みなどを望む

**桓武天皇が京都の安泰を祈った地で、
桜越しに広がるパノラマビューを堪能できる。**

京都三山の東側・東山の華頂山山頂に位置する、青蓮院の飛び地境内。将軍塚は平安京に都を定めるに際し、桓武天皇が国見した場所で、都の守護のために土でできた将軍の像に鉄の甲冑を着せて御所に向けて埋められた。国宝青不動を祀る青龍殿と呼ばれる大規模な伽藍は、平成26年（2014）に建設されたもの。

参拝後は西展望台や大舞台から山頂ならではのパノラマを満喫したい。条件が整えば大阪の高層ビルまで望める。将軍塚を囲むように立ち並ぶ桜の開花時季のほか、紅葉、夕暮れどきもおすすめ。

ソメイヨシノやしだれ桜など約200本もの桜が植えられている庭園も必見

季節のたより

桜	3月下旬～4月上旬
五色花桃	4月中旬～下旬
ヤマブキ	4月中旬～5月中旬
サツキ	4月中旬～5月下旬
藤	4月下旬～5月中旬
紅葉	11月中旬～12月上旬

ACCESS
アクセス

京都駅
↓ タクシーで約20分
青蓮院門跡 将軍塚青龍殿

東山ドライブウェイを上る。公共交通機関がないので、車でアクセス。山道を登ることが可能なら、円山公園(P.138)の東にある長楽寺近くから20分ほど歩くと、青蓮院門跡 将軍塚青龍殿に到着する。

INFORMATION
問い合わせ先

青蓮院門跡 将軍塚青龍殿
📞 075-771-0390

DATA
観光データ

所 京都市山科区厨子奥花鳥町28
開 9:00～17:00(受付は～16:30)
休 無休 料 600円 P 20台(無料)

BEST TIME TO VISIT
訪れたい季節

庭園には桜以外にもサツキ、シャクナゲ、約220本のモミジも植えられている。混雑する桜や紅葉の時季をはずして訪れるのもあり。夜のライトアップ時は、車でアクセスを。

桜満開の古都

青龍殿の奥に広がる木造の大舞台。山にせり出すように造られている

周辺のスポット

青蓮院門跡
しょうれんいんもんぜき

MAP P.23

親王が代々門主を務め、一時仮御所になったため粟田御所とも呼ばれる。青い光があふれる春秋の夜間拝観は幻想的。

皇室ゆかりの天台宗寺院
4つの庭園を巡りたい

相阿弥の庭。粟田山を借景にした趣深い池泉回遊式庭園

📞 075-561-2345 交 地下鉄・東山駅から徒歩5分 所 京都市東山区粟田口三条坊町69-1 開 9:00～17:00(受付は～16:30) 夜間特別拝観3月中旬・3月下旬～4月上旬・4月29日～5月6日・10月下旬～12月上旬18:00～22:00(受付は～21:30) 休 無休 料 600円、夜間特別拝観時800円 P あり(無料、夜間拝観時は利用不可)

京都市右京区 MAP P.170 C-2

退蔵院
たいぞういん

禅の世界に通じる枯山水の庭
ひときわ存在感を放つ紅しだれ桜

陰陽の庭に降り注ぐ鮮やかな色の紅しだれ桜。桜の枝がやわらかく垂れ下がり、白砂と苔、石組みとの調和が美しい。散りゆく花びらと庭園の共演も幻想的

> 境内に広がる余香苑と陰陽の庭の2つの庭園が見どころ。
> 枯山水庭園を包み込む色鮮やかな紅しだれ桜が咲き誇る。

室町時代に無因宗因禅師によって建てられた、妙心寺の塔頭寺院。画僧・如拙の描いた『瓢鮎図』を所蔵することでも名高い。

注目は2つの庭園。そのひとつ余香苑は3年の月日をかけて作庭された、季節の風情が感じられる名庭だ。中心にはひょうたん池が広がり、四季折々の花が彩る。もう一方、枯山水の陰陽の庭は禅の思想を反映した造り。苔や低い石で造られ静けさを感じる陰と力強い石組みの陽が調和し、春には枯山水を引き立てるしだれ桜が咲く。紅しだれ桜のそばを通る巡路では、鮮やかな桜が頭上を覆い尽くす。

ひょうたん池のほとりには、藤棚があり、薄紫の花が優雅に咲き誇る

周辺のスポット

南側に構える三門は寛永年間に再建された、国の重要文化財

妙心寺
みょうしんじ
46もの塔頭を持つ特徴的な伽藍配置
MAP P.25

建武4年(1337)、花園法皇が自身の離宮を禅寺に改めて開いた。境内の中心には禅寺特有の伽藍配置が見られ、三門、仏殿、法堂が一直線上に並ぶ。
📞075-461-5226 🚃JR花園駅から徒歩5分 📍京都市右京区花園妙心寺町1 🕘9:00〜16:00(受付は〜15:30) 休法要行事の日(HPで要確認) 料500円 🅿あり(無料)

ACCESS
アクセス

京都駅
↓ JR山陰本線(嵯峨野線)で13分
花園駅

花園駅から徒歩7分。または京都駅から市バス26系統で43分、妙心寺北門前下車、徒歩5分。ほか地下鉄烏丸線丸太町駅(京都駅から7分)からすぐの烏丸丸太町バス停から市バス93系統で19分、妙心寺前下車、徒歩3分。

INFORMATION
問い合わせ先

退蔵院 📞075-463-2855

DATA
観光データ

📍京都市右京区花園妙心寺町35 🕘9:00〜17:00 休無休 料600円 🅿30台(無料)

BEST TIME TO VISIT
訪れたい季節

余香苑には桜のほか、椿や藤、紅葉の時期に訪れるのもおすすめ。アジサイは参道で、スイレンは本堂やひょうたん池で観賞できる。

余香苑のひょうたん池の水面に蓮の花が清らかな姿を映し出す

季節のたより
- 桜 3月下旬〜4月中旬
- 藤 4月中旬〜5月初旬
- アジサイ 6月初旬〜7月初旬
- スイレン 6月下旬〜8月初旬
- 紅葉 11月下旬〜12月上旬
- 椿 2月下旬〜4月中旬

桜満開の古都

京都市左京区 MAP P.171 E-2

竹中稲荷神社
たけなかいなりじんじゃ

一直線に並ぶ参道の小さな鳥居
淡いピンクのトンネルがつないで

季節のたより
桜 3月下旬～4月上旬

参道を進むと連続して並ぶ朱色の鳥居とその間を埋めるようにソメイヨシノが咲き誇る。頭上は桜に包まれ青空が垣間見える

神々が集う吉田山(よしだやま)にたたずむ吉田神社の末社。
桜と鳥居が連なる参道は、隠れた京都の桜スポット。

京都大学の東側、標高約100mの吉田山の麓に位置する。吉田山は「神楽岡(かぐらおか)」と呼ばれ、吉田神社をはじめ複数の神社がたたずむ。ゆるやかな山道を歩いて巡りたい。
竹中稲荷神社は五穀豊穣と商売繁盛のご利益がある社で、明治5年(1872)に吉田神社の末社に定められた。名物は本殿まで一直線に朱色の鳥居が連なる参道。鳥居の間には、ソメイヨシノが並んで植えられ、満開になると鳥居を覆うほどに。淡いピンク色と朱色の鳥居のコントラストが美しい。山の東麓に位置するので、写真撮影は午前中がおすすめ。

拝殿横にもソメイヨシノが咲き、境内を華やかに飾る

ACCESS
アクセス

京都駅
↓ 市バス5系統で39分
真如堂前バス停

真如堂前バス停から徒歩15分。または京都駅から市バス206系統で32分、京大正門前下車、徒歩18分。ほか京都駅から地下鉄烏丸線で10分、今出川駅下車、烏丸今出川バス停から市バス201系統で9分、京大正門前下車。

INFORMATION
問い合わせ先
吉田神社 ☎075-771-3788

DATA
観光データ
所 京都市左京区吉田神楽岡町30
開休料 参拝自由(社務所9:00～17:00)
P なし

BEST TIME TO VISIT
訪れたい季節

紅葉狩りにもおすすめで、朱色の鳥居のそばで真っ赤なモミジが降り注ぐ。参道を進むと境内にも立派なモミジが見られる。拝殿や本殿付近の木々が真っ赤に色づき、山の静けさのなかで紅葉を堪能できる隠れた名所。

吉田神社の境内。中央には樹齢300年のしだれ桜もそびえる

桜満開の古都

周辺のスポット

宗忠神社
むねただじんじゃ
MAP P.27

逆立ちの狛犬が参拝者を迎える

境内には宗忠鳥居と呼ばれる、宗忠神社が名称の由来となる鳥居がある。正参道には全国的にも珍しい備前焼の逆立ちした狛犬が置かれる。

本殿に続く正参道は石造りの鳥居が構え、石段沿いに桜が咲き誇る

☎075-771-2700　京都駅から市バス5系統で40分、錦林車庫前下車、徒歩15分　京都市左京区吉田下大路町63　開休料 境内自由(社務所9:00～17:00)　P あり(参拝者は無料)

京都市右京区 MAP P.170 A-2

旧嵯峨御所 大本山大覚寺
きゅうさがごしょだいほんざんだいかくじ

平安の風情を残す大沢池に
華やかに咲いて映り込む

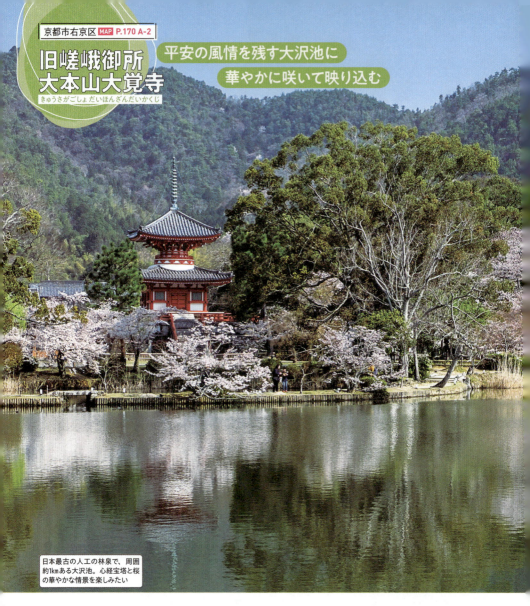

日本最古の人工の林泉で、周囲約1kmある大沢池。心経宝塔と桜の華やかな情景を楽しみたい

勅使門横では、4月上旬頃から紅しだれ桜が咲く

嵯峨天皇の離宮として建立されてから約1200年。
唐の洞庭湖を模した大沢池を中心に上品な桜が華やぐ。

平安初期に嵯峨天皇の離宮として建立し、のちに仏教寺院として整備。明治初頭まで天皇や皇族が門跡を務めた。嵯峨御所とも呼ばれ、諸堂を結ぶ回廊風景、目の前に広がる大沢池、宸殿前の庭園が美しい。

境内の東側にある広大な大沢池は寺の象徴であり、平安貴族が舟遊びを楽しんだ場所。ソメイヨシノや山桜など約500本の桜が植えられている。特に、朱色の心経宝塔と並んで咲く桜と大沢池の風景が人気。五大堂の観月台に立ち、池の向こうに連なる桜を見ると、大沢池の壮大さが感じられる。

季節のたより
- 桜 3月下旬～4月中旬
- 紅葉 11月中旬～12月中旬
- 梅 3月上旬
- ※年により異なる

ACCESS アクセス

京都駅
↓ JR山陰本線(嵯峨野線)で18分
嵯峨嵐山駅

嵯峨嵐山駅から徒歩15分、または市バス91系統で6分、大覚寺下車すぐ。京都駅からは市バス28系統で55分、大覚寺下車。

INFORMATION 問い合わせ先
旧嵯峨御所 大本山大覚寺
📞 075-871-0071

DATA 観光データ
- 所 京都市右京区嵯峨大沢町4
- 開 9:00～17:00(受付は～16:30)
- 休 無休 料 お堂エリア500円、大沢池エリア300円 P 30台(500円)

BEST TIME TO VISIT 訪れたい季節

大沢池と心経宝塔が織りなす景色はシーズンごとに異なる顔を持つ。積雪の日には雪景色のなかに、真っ赤な心経宝塔が映る。

大沢池に舟を浮かべて夜空の月を観賞する「観月の夕べ」。毎年中秋の名月の3日間で開催される

桜満開の古都

不動明王をはじめ五大明王を祀る大覚寺の本堂。観月台(濡れ縁)からは大沢池の眺望を堪能できる

大沢池の北側にある名古曽の滝跡。藤原公任により『百人一首』にも詠まれ名勝となっている

京都市左京区 MAP P.171 E-2

金戒光明寺（くろ谷）
こんかいこうみょうじ（くろだに）

豪壮な構えの山門を囲み ソメイヨシノが堂々と咲き誇る

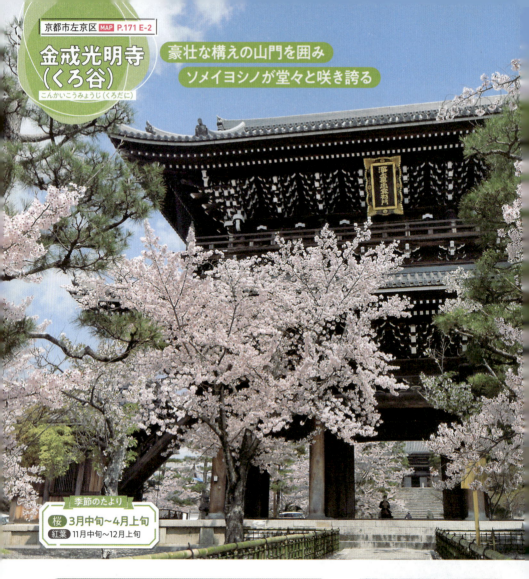

季節のたより
桜 3月中旬〜4月上旬
紅葉 11月中旬〜12月上旬

法然が浄土宗の教えを初めて広めた場所。
春めいた重厚な伽藍、京の街を眺めながらゆっくり拝観。

承安5年(1175)、比叡山の黒谷を下りた法然がここで草庵を結んだのが起源。「念仏を唱えることで救われる」という教えを説いたことが浄土宗の始まりとされ、以降、寺院として発展してきた。現在も「くろ谷さん」の愛称で親しまれている。

広大な境内と荘厳な伽藍を持ち、いたるところに桜が植えられている。参拝客はまず山門とそれを隠すように咲くソメイヨシノに心奪われる。参拝後は橋越しの桜が美しい極楽橋を通り、重要文化財の文珠塔へ。階段を上って振り返れば、桜で彩られた境内が見渡せる。

方丈の北側に広がる大池（鎧池）。周辺の紅葉が水面に映る秋に訪れたい

高さ約23m、二層構造の山門は万延元年(1860)に完成。春に山門を彩るソメイヨシノが周囲に植えられている

ACCESS
アクセス

京都駅
↓ 市バス5系統で39分
真如堂前バス停

真如堂前バス停から徒歩9分。または京都駅から地下鉄烏丸線で7分、丸太町駅下車。烏丸丸太町バス停から市バス93・204系統で14分、真如堂前下車。

INFORMATION
問い合わせ先

金戒光明寺 ☎075-771-2204

DATA
観光データ

所 京都市左京区黒谷町121 開 9:00～16:00 休 無休 料 無料 P 50台(1日800円、季節により変動あり)

BEST TIME TO VISIT
訪れたい季節

桜と紅葉のほか、「ご縁の道」に咲く花にも注目したい。枯山水庭園「紫雲の庭」の北部に設けられた石組みの道で、アジサイの希少品種の七段花、ヒガンバナ、赤と青の2種類の花が咲く10・11月のリンドウなど、四季折々に楽しめる。

桜満開の古都

周辺のスポット

真如堂(真正極楽寺)
しんにょどう(しんしょうごくらくじ)
MAP P.31

正式名は真正極楽寺。本尊・阿弥陀如来立像は年に一度だけ、11月15日のみ開帳される秘仏で、特に女性を救う「うなずきの弥陀」として有名。

☎075-771-0915 交 市バス・錦林車庫前／真如堂前下車、徒歩8分 所 京都市左京区浄土寺真如町82 開 9:00～16:00(受付は～15:45)、大涅槃図特別公開3月1～31日、観経曼陀羅特別公開11月1日～12月第1日曜 休 不定休 料 庭園・宝物500円(特別行事は要問い合わせ)、境内自由 P あり(無料、紅葉期は利用不可)

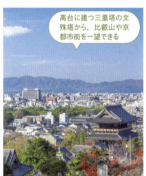

高台に建つ三重塔の文殊塔から、比叡山や京都市街を一望できる

秘仏・阿弥陀如来が女性を救う寺

紅葉のみならず桜、新緑、雪景色でも写真映えのする三重塔

京都市西京区　MAP P.168 A-2

十輪寺
じゅうりんじ

在原業平が過ごした境内
しだれ桜の天蓋を見渡す

季節のたより
桜　3月下旬〜4月上旬
紅葉　10月下旬〜12月上旬

本堂の裏から宝篋印塔や、業平が塩を焼いて風情を楽しんだという塩竈がある高台へ。上る途中では、三方普感の庭に咲く桜が望める

> 平安時代を生きた恋多き歌人から名のついたしだれ桜。見る場所を変えて、さまざまに景観を堪能したい。

京都三山のひとつ西山の麓に位置し、別名を「なりひら寺」と呼ぶ。平安時代の歌人・在原業平が晩年を過ごしたとされることが由来だ。境内奥の宝篋印塔は業平の墓と伝わる。

本堂そばの「三方普感の庭」には樹齢200年のしだれ桜が立ち、満開期は蓋をするように花が庭を覆う。こちらも業平の名をとって「なりひら桜」と呼ばれる。庭を囲む茶室や高廊下から見上げれば青空とのコントラストが美しい。一方、業平の墓がある裏手の高台から見下ろせば、伽藍や周辺の山々にピンクが映える様子が望める。

ACCESS
アクセス

京都駅
↓ JR東海道本線（JR京都線）各停で7分
向日町駅
向日町駅から阪急バス66系統（1月6日〜2月は運休）で27分、小塩下車すぐ（2025年5月末で廃止予定）。または阪急バス63系統で27分、灰方下車、徒歩25分。

INFORMATION
問い合わせ先
十輪寺　☎ 075-331-0154

DATA
観光データ
所　京都市西京区大原野小塩町48
営　9:00〜17:00　休　無休　料　500円
P　15台（無料）

三方普感の庭。「立って・座って・寝て」の3つの体勢で感じ方が変わることに由来

京都市南区 MAP P.171 D-4

六孫王神社
ろくそんのうじんじゃ

参道に連なるソメイヨシノのアーチは京都駅に近い穴場スポット

東鳥居を抜けると、桜並木で覆われた参道。手前にアーチ状の太鼓橋、その向こうには唐門、拝殿が見えてくる

季節のたより
桜 3月上旬〜4月中旬

桜満開の古都

源　頼朝など名武将を輩出した清和源氏ゆかりの神社。春の参道はピンク色のトンネルで覆われて華やかに。

京都駅や東寺（P.80）から徒歩圏内に位置する。創建は応和元年（961）、清和源氏の祖といわれる源　経基を祀る。天皇の孫であること、経基の父が清和天皇の六男であることから、経基は皇室では「六孫王」と呼ばれていた。

入口そばの紅しだれ桜や、唐門近くの里桜、鯉が泳ぐ神龍池周辺の鬱金桜（P.34）など、さまざまな種類の桜が見られるが、圧巻なのは、赤灯籠が連なる参道沿いに立ち並ぶソメイヨシノ。参道途中、神龍池に架かり、「恋(鯉)の架け橋」と呼ばれる太鼓橋で、良縁を祈りながら桜観賞を満喫したい。

子授けや安産のご利益があるという誕生水弁財天社の向こうに東海道新幹線を望む

ACCESS
アクセス

京都駅
↓ 市バス16系統で13分
六孫王神社前バス停

六孫王神社前バス停から徒歩1分。または京都駅八条口から徒歩18分。

INFORMATION
問い合わせ先

六孫王神社 ☎075-691-0310

DATA
観光データ

所 京都市南区壬生通八条角八条町509
開休 境内自由　P 参拝者のみ利用可

33

COLUMN

平安時代から続く桜の聖地

約60種の桜が咲く平野神社

平安遷都時に創建された由緒ある平野神社。約400本の桜が植えられ、3月中旬から4月下旬ごろまで桜を楽しめる。独特の「平野造」と呼ばれる様式で建設された本殿は重要文化財。

平野神社の主祭神「平野皇大神」の神額が掲げられた東大鳥居

平野神社 ひらのじんじゃ

京都市北区 MAP P.170 C-2

☎075-461-4450 ◆京都駅から西日本JRバス高雄・京北線で32分、わら天神前下車、徒歩10分
◆京都市北区平野宮本町1
◆6:00～17:00(3月下旬～4月中旬の桜の時期は～21:00)
◆無休 ◆無料(観桜期は一部500円) Pあり(40分200円)

観桜シーズンの始まりを告げる存在

魁 さきがけ　3月中旬～下旬

3月中旬に咲き始め、境内で最初に開花する。魁が咲く時期に行われる「桜祭」は、平安時代から続く伝統行事。

薄紅の花が寄り添う、愛の象徴

平野妹背 ひらのいもせ　4月中旬～下旬

平野神社に自生。雌しべが2本あり、2個の果実を結ぶ見た目から、夫婦や仲の良い男女を象徴する存在として人気。

緑・黄・赤に表情を変える遅咲きの桜

鬱金 うこん　4月中旬～下旬

淡い黄緑色から開花が進むにつれ、中心が赤く染まる遅咲きの桜。ほかの桜が散った4月下旬まで観賞可能。

平安装束のような厳かな美しさ

御衣黄 ぎょいこう　4月中旬～下旬

開花時から花が淡い緑から黄へ、中心は赤へ変化する。名の由来は、色合いが平安貴族の装束を連想させることから。

華やか紅、100を超える花弁

平野突羽根 ひらのつくばね　4月下旬～5月上旬

1つの花が100枚以上、平均170枚程度の花弁をつける。遅咲きの桜で美しい紅色が5月まで見られる。

シーズンの始まりを象徴する

平野寝覚 ひらのねざめ　4月上旬～中旬

桜の代表格ソメイヨシノと同じ一重咲きの桜で、大きな白い花弁が特徴。早咲きで春の訪れを告げる存在。

秋～春にかけて咲く二期咲桜

十月桜 じゅうがつさくら　10月～4月上旬

秋に点々と花が咲き、冬も細々と開花し続け、春になると再度多くの花が咲く。秋に紅葉と楽しめる貴重な存在。

34

香しい花参詣のとき

梅を愛した菅原道真公、藤を家紋とした藤原氏…
境内に咲く花には、その社寺の歴史が垣間見える。
限られた期間でしか出会えない花を愛でた時間は、
京都で訪れた社寺を、より思い出深いものにする。

京都市伏見区 MAP P.168 C-2

城南宮
じょうなんぐう

薄紅色のしだれ梅が春風にそよぎ
真紅の椿が緑の苔庭に彩りを添える

季節のたより
- 椿 2月中旬〜4月上旬
- 梅 2月下旬〜3月上旬
- 桜 4月中旬
- ツツジ 4月中旬〜5月上旬
- 藤 4月下旬〜5月上旬
- ツワブキ 10月下旬〜11月下旬
- 紅葉 11月下旬〜12月上旬

香しい花参詣のとき

早春を迎えた楽水苑(らくすいえん)の春の山。しだれ梅と、緑の苔に点々と落ちている椿の花が織りなす風景は、さながら絵巻のよう

> 天才造園家・中根金作が作庭した「楽水苑」は、四季折々の花が楽しめるスポット。特に早春は華やかで、約150本のしだれ梅とともに、約400本の椿が咲き誇る。

平安京遷都に際し創建。城南宮は「平安城(京)の南に鎮まる宮」を意味する。平安時代後期、白河上皇は周囲に大規模な離宮を築き、院政の拠点としたため、政治や文化の中心地となり、雅な歌会や宴などが行われた。

神苑「楽水苑」は、「昭和の小堀遠州」と称された中根金作が手がけた。5つある庭園はそれぞれ趣が異なり、『源氏物語』に登場する約80種類の草花が植栽されている。とりわけ「春の山」は、しだれ梅が咲く頃、椿との共演が美しく、早春の京都を代表する景色と称される。

春は藤やツツジ、初夏はカキツバタが彩りを添える「室町の庭」

紅葉が色づく秋は、水辺に咲くツワブキと織りなす風景も人気だ

春には、平安貴族の装束を身にまとった歌人による「曲水の宴」を開催

ACCESS
アクセス

京都駅
↓ 地下鉄烏丸線または近鉄京都線で5分
竹田駅

竹田駅から徒歩15分。または京都駅八条口から市バス19系統で22分、城南宮下車、徒歩2分。

INFORMATION
問い合わせ先

城南宮 075-623-0846

DATA
観光データ

📍 京都市伏見区中島鳥羽離宮町7
🕐 境内自由(神苑9:00〜16:30、受付〜16:00) 休 南神苑2月18日〜3月22日、7月1日〜8月31日は非公開 料 800円(2月18日〜3月22日は1000円、季節により変動あり) P 200台(無料)

BEST TIME TO VISIT
訪れたい季節

「春の山」のしだれ梅と椿の両方が咲く2月下旬から3月上旬がおすすめ。その後は桜(室町・平安の庭)、ツツジ(室町・桃山の庭)、藤(室町の庭)と春の花が続けざまに開花。11月中旬から12月初旬までは紅葉が見頃を迎える。

咲き始めから散る姿まで、どの時期も味わい深い「春の山」のしだれ梅

TRAVEL PLAN

京都・伏見で歴史と酒造文化を満喫。城南宮のあと、御香宮神社、寺田屋を巡り、地元酒造メーカーの施設で酒の伝統と製造を学び、最後は試飲も。

COURSE

8:30	竹田駅
↓	徒歩15分
8:45	城南宮
↓	徒歩15分＋電車5分＋徒歩4分
11:00	御香宮神社
↓	徒歩15分
12:00	黄桜記念館 Kappa Gallery
↓	徒歩2分
13:30	史跡 寺田屋
↓	徒歩5分
14:00	月桂冠大倉記念館
↓	徒歩すぐ
15:00	十石舟
↓	徒歩4分
16:00	中書島駅

城南宮 じょうなんぐう

段落ちの滝と遣水がすがすがしい「平安の庭」

御香宮神社 ごこうのみやじんじゃ
MAP P.38-1

江戸と昭和の名造園家による庭園

安産・子育ての神で信仰を集める神功皇后を祀る。小堀遠州が築き、中根金作が移築・作庭した石庭を有する。

☎075-611-0559 🚉近鉄・桃山御陵前駅から徒歩4分 📍京都市伏見区御香宮門前町174 🕘9:00～16:00(社務所)石庭は～15:30 休無休(石庭は不定休) 料無料(石庭は200円) Pあり(有料)

白砂の海に鶴と亀と蓬莱島に見立てた庭石が点在

黄桜記念館 Kappa Gallery きざくらきねんかん カッパギャラリー
MAP P.38-2

カッパでおなじみの清酒メーカー「黄桜」の資料館。酒造りに関するジオラマやパネルのほか、歴代のCMが見られる。

☎075-611-9919 🚉京阪・中書島駅から徒歩7分 📍京都市伏見区塩屋町228 🕘10:00～16:00 休火曜(祝日の場合は翌水曜) 料無料 Pあり(無料)

キャラクターのカッパや清酒関連の資料を展示

お酒とカッパの歴史に出会う

LUNCH

蔵元ならではの酒と焼鳥が美味
鳥せい 本店 とりせい ほんてん
MAP P.38-6

酒蔵弁当2500円

☎050-5486-1416 🚉京阪・伏見桃山駅／中書島駅から徒歩7分 📍京都市伏見区上油掛町186 🕘11:00～22:00(LO21:30) 休月曜(祝日の場合は営業) Pあり(無料)

史跡 寺田屋 しせきてらだや
MAP P.38-3

文久2年(1862)、薩摩藩の急進派が鎮撫され、4年後に坂本龍馬が襲撃された船宿。建物は隣接地に復元されたとされ、弾痕などが見学できる。

☎075-622-0243 🚉京阪・中書島駅から徒歩5分 📍京都市伏見区南浜町263 🕘10:00～16:00(受付は～15:40) 休月曜不定休 料600円 Pなし

幕末ファン必見！
龍馬ゆかりの船宿

建物は鳥羽・伏見の戦いによる焼失後の再建とされる

月桂冠大倉記念館 げっけいかんおおくらきねんかん
MAP P.38-4

清酒メーカー「月桂冠」と、伏見の酒造り発展の歴史を学べる史料館。見学後のきき酒体験も楽しみ。

☎075-623-2056 🚉京阪・中書島駅から徒歩5分 📍京都市伏見区南浜町247 🕘9:30～16:30(受付は～16:00) 休無休 料600円(おみやげ、きき酒付き) Pあり(無料)

記念館、内蔵酒造場、職人の宿舎に囲まれた中庭

伏見伝統の酒文化を学ぶ

十石舟 じっこくぶね
MAP P.38-5

江戸時代に伏見と大坂を結び、酒蔵の水運輸送を担った舟を追体験。濠川沿いの酒蔵や柳並木を眺めながら巡る。

☎075-623-1030(受付窓口、予約はネットのみ) 🚉京阪・中書島駅から徒歩4分 📍京都市伏見区南浜町247 🕘10:00～16:20(20分間隔で運航) 休月曜(祝日の場合は運航、4・5・10・11月は無休) 料1900円 Pなし

伏見の水路を小舟で遊覧する

季節の花々やノスタルジックな風景に出会う

香しい花参詣のとき

宇治市 MAP P.169 D-3

平等院
びょうどういん

極楽浄土の理想郷に揺れる
薄紫の花房に平安貴族の雅が蘇る

季節のたより
- 藤　4月中旬〜5月初旬
- 桜　3月下旬〜4月上旬
- 蓮　6月下旬〜8月上旬
- サルスベリ　8月下旬〜9月上旬
- 紅葉　11月中旬〜12月上旬

香しい花参詣のとき

観音堂の南側にある約400㎡の藤棚。春には樹齢約300年と推定される藤の木に薄紫色の花房が鈴なりに咲き誇り、甘い香りを漂わせる
写真提供：平等院

> 平安時代後期に藤原頼通が建立した「平等院」。極楽浄土を描いた浄土庭園は有名で、薄紫色の藤、透けた花びらが特徴の平等院蓮が咲く時季は、とりわけ美しく幻想的。

永承7年（1052）に当時の関白・藤原頼通が父・道長の別荘を改め寺院として創建。平安時代の希少な遺構であり、世界遺産だ。

庭園は極楽浄土を現実世界に描いた平安時代最古の浄土庭園とされる。極楽の宝池を表す阿字池に、金色の阿弥陀如来を擁する阿弥陀堂（鳳凰堂）、さらに周囲の花など美しい自然が一体となって阿弥陀仏のいる世界を表現。特に薄紫や白色の藤の花房がしだれ咲く4月と、「平等院蓮」が大輪の花をつける6月下旬から8月上旬は、仏の理想郷を絵に描いたような光景に。

写真提供：平等院

ヒラドツツジとキリシマツツジの2種類のツツジが、時期をずらして次々に花をつける

江戸時代後期の地層から出土した1粒の種から発芽させた「平等院蓮」

平等院鳳凰堂に鎮座する阿弥陀如来坐像。仏師・定朝が手がけたものと伝わる

ACCESS
アクセス

京都駅
↓ JR奈良線みやこ路快速で16分
宇治駅

宇治駅から徒歩10分。または祇園四条駅から京阪本線・宇治線（途中、中書島駅で乗り換え）で30分、宇治駅下車、徒歩10分。

INFORMATION
問い合わせ先
平等院 ☎0774-21-2861

DATA
観光データ

所 宇治市宇治蓮華116 開 8:45～17:30（受付は～17:15）、平等院ミュージアム鳳翔館9:00～17:00（入館は～16:45）休 無休 料 700円、鳳凰堂内部拝観は志納金別途300円 P なし

BEST TIME TO VISIT
訪れたい季節

春は桜や藤、秋は紅葉、冬はサザンカや椿、そして雪景色など、境内では一年を通してさまざまな自然美が広がる。藤や紅葉が見頃になる春と秋は、特に混雑する。サルスベリの花が咲く8月から9月上旬もおすすめ。

創建当時の地層からサルスベリの花粉が発見されたことで知られる

TRAVEL PLAN

平等院をはじめ、宇治川の両岸に点在する名所を徒歩で巡る。周辺は平安貴族の別荘地として栄えた地域で、歴史物語の世界を旅する感覚も趣深い。

平等院
ぴょうどういん

写真提供：平等院

「平等院ミュージアム 鳳翔館」では、国宝の梵鐘など数々の寺宝を展示

CAFE
創業170余年の宇治茶の茶商
中村藤吉本店
なかむらとうきちほんてん
MAP P.42- 5

宇治てん茶を楽しむ生茶蕎麦（単品）1300円

📞0774-22-7800 🚋JR宇治駅から徒歩2分／京阪・宇治駅から徒歩10分 📍宇治市宇治1-10 🕙10:00～17:30(LOカフェ16:30 そば15:00) ❌不定休 🅿あり(無料)

COURSE

9:50	宇治駅(JR)
↓	徒歩10分
11:30	平等院
↓	徒歩10分
13:00	福寿園 宇治茶工房
↓	徒歩10分
14:30	興聖寺
↓	徒歩15分
15:30	宇治上神社
↓	徒歩5分
16:00	宇治市 源氏物語ミュージアム
↓	徒歩15分
17:30	宇治駅(JR)

福寿園 宇治茶工房
ふくじゅえん うじちゃこうぼう
MAP P.42- 1

宇治茶の手もみ茶作りや石臼を使った抹茶作り、茶摘みなどの体験プログラムが好評。食事からスイーツまで宇治茶づくしのグルメも楽しめる。

📞050-3152-2930 🚋JR宇治駅から徒歩15分／京阪・宇治駅から徒歩8分 📍宇治市宇治山田10 🕙10:00～17:00、福寿茶寮11:00～16:00(LO15:30) ❌不定休 🅿あり(無料)

宇治茶の歴史と伝統と味を知る

昭和中期の製茶機や製造工程が学べるパネルを展示

たっぷりのきな粉と宇治抹茶をまぶした「茶の香もち」990円

香しい花参詣のとき

興聖寺
こうしょうじ
MAP P.42- 2

天福元年(1233)に道元禅師が開いた日本最古の修行道場で、写経や坐禅が体験できる。『源氏物語』宇治十帖ゆかりの手習観音が見どころ。

📞0774-21-2040 🚋JR宇治駅から徒歩25分／京阪・宇治駅から徒歩20分 📍宇治市宇治山田27-1 🕙10:00～16:00 ❌無休 💴500円 🅿あり(無料)

山門へと続く参道は、その形から「琴坂」と呼ばれる

『源氏物語』ゆかりの観音様を安置

宇治上神社
うじかみじんじゃ
MAP P.42- 3

3棟の内殿が覆屋で覆われた本殿は、平安時代後期に建造されたもので、日本最古の神社建築。鎌倉時代前期に造営された拝殿とともに国宝に指定されている。

📞0774-21-4634 🚋JR宇治駅から徒歩20分／京阪・宇治駅から徒歩10分 📍宇治市宇治山田59 🕙9:00～16:20 ❌無休 💴無料 🅿なし

本殿は日本最古の神社建築

拝殿前には「清めの砂」という円錐状の砂山がある

宇治市 源氏物語ミュージアム
うじしげんじものがたりミュージアム
MAP P.42- 4

宇治は『源氏物語』宇治十帖の主な舞台。アニメや実写、人形によるオリジナル映画や模型を通して『源氏物語』の世界観にふれられる。

📞0774-39-9300 🚋JR宇治駅から徒歩15分／京阪・宇治駅から徒歩8分 📍宇治市宇治東内45-26 🕙9:00～17:00(入館は～16:30) ❌月曜(祝日の場合は翌日) 💴600円 🅿あり(有料)

平安貴族が描かれた『源氏物語』を体験

「平安の間」では光源氏の物語をわかりやすく解説

京都市左京区 MAP P.167 D-1

三千院
さんぜんいん

杉木立と青苔に映える
大原に春の華やぎを告げるシャクナゲ

季節のたより

シャクナゲ
4月中旬～5月中旬
桜 4月上旬～下旬
アジサイ 6月中旬～7月中旬
シュウカイドウ 7月下旬～9月中旬
紅葉 10月下旬～11月下旬

香しい花参詣のとき

苔や新緑の中で華やかに咲き誇る有清園のシャクナゲ。開門時には木洩れ日に輝く景色を客殿の縁側に座って眺めることができる

森閑としたたたずまいに心癒やされる「有清園」と「聚碧園」の2つの庭園で知られ、大原の里山に桜のリレーが届く頃、三千院のシャクナゲの出番となる。

延暦7年(788)、最澄が比叡山に小堂を建てたのが起源と伝わり、平安期以降は皇族ゆかりの宮門跡としての格式を誇った。城郭のような白壁と石垣に囲まれた境内は、清浄な雰囲気に包まれる。

一面杉苔に覆われた「有清園」は広々とした池泉回遊式庭園で、杉や檜が立ち並び、木立の合間から眺める往生極楽院の姿は三千院のシンボルだ。堂内には船底形天井の下に国宝の阿弥陀三尊坐像が祀られ、観音菩薩と勢至菩薩の両脇侍は少し前かがみの「大和坐り」で、往生者を迎える慈悲に満ちた姿を表すという。

ACCESS
アクセス

【京都駅】
↓ 地下鉄烏丸線で20分
【国際会館駅】
国際会館駅から京都バス19系統で25分、大原下車、徒歩10分。または京都駅から京都バス17系統で大原まで1時間10分。

INFORMATION
問い合わせ先

三千院 ☎075-744-2531

DATA
観光データ

所 京都市左京区大原来迎院町540
開 9:00(11月8:30)～17:00(12～2月は～16:30) 無休 700円
P なし

BEST TIME TO VISIT
訪れたい季節

春は山桜とシャクナゲが境内を飾り、特にシャクナゲは開花期間が長くゴールデンウイークまで参拝者の目を楽しませてくれる。さらに初夏にはあじさい苑のアジサイ、秋には有清園周辺の紅葉、そして冬の雪化粧と四季を通じて絵になる美景が見られる。

作家・井上靖が「東洋の宝石」と表した有清園の紅葉

「あじさい苑」のアジサイは約1000株。星形やハート形のアジサイなども見られる

聚碧園はサツキの刈り込みが印象的な客殿から鑑賞する池泉鑑賞式庭園

三千院の玄関口でもある御殿門。風格のある門をしだれ桜が彩る

TRAVEL PLAN

多彩な京野菜の田畑が広がる大原の里は、どこか懐かしい侘びた風景と、美しい庭園を内包する古社寺を同時に楽しめるのが魅力だ。

三千院
さんぜんいん

石彫刻家・杉村孝作の、苔むす庭と一体となったわらべ地蔵たち

LUNCH

京野菜&山菜料理がふんだん

芹生
せりょう
MAP P.46- 5

手提げ型けんどんに三段重ねの三千草弁当 3850円

📞075-744-2301 🚌京都バス・大原下車、徒歩10分 📍京都市左京区大原勝林院町22 🕐11:30～14:30(入店は～13:45、LOは14:00) 休不定休 Ｐあり(無料)

COURSE

8:30	国際会館駅
↓	バス25分＋徒歩10分
9:30	三千院
↓	徒歩5分
10:30	宝泉院
↓	徒歩1分
11:30	実光院
↓	徒歩25分
13:30	寂光院
↓	徒歩15分＋バス25分
15:20	国際会館駅

宝泉院
ほうせんいん

絵画のように楽しむ庭園

MAP P.46- 1

勝林院の塔頭寺院。書院の柱と鴨居を額に見立て、樹齢約700年の五葉松と竹林、新緑、紅葉、雪景色を見せる額縁庭園が有名。廊下は「血天井」の痕跡の残る伏見城の遺構。

→P.139

木々や竹林の間から大原の山々が見える

大原の旬が並ぶ「里の駅」
MAP P.46- 4

大原近郊で採れた新鮮な旬野菜や、餅、弁当、漬物など加工品の直売所。毎週日曜には「大原ふれあい朝市」が行われる。

里の駅 大原
さとのえき おおはら

📞075-744-4321 🚇地下鉄・国際会館駅から京都バス19系統で18分、野村別れ下車、徒歩5分 📍京都市左京区大原野村町1012 🕐9:00～16:00(LOレストラン15:00) 休月曜(祝日の場合は翌平日) Ｐあり(無料)

大原ふれあい朝市。農家さん自らが店に立ち、野菜を販売する

実光院
じっこういん

MAP P.46- 2

仏教音楽の声明を伝承するために開かれた勝林院の子院。 客殿を飾る「三十六詩仙」や、紅葉の頃から春まで咲く珍しい不断桜が有名。

📞075-744-2537 🚌京都バス・大原下車、徒歩10分 📍京都市左京区大原勝林院町187 🕐9:00～16:00(季節により変更あり) 休無休 料600円(茶菓子付1000円) Ｐなし

趣異なる2つの庭園と不断桜に注目

庭園は契心園という律川の水を取り入れた滝組みの池泉鑑賞式庭園

寂光院
じゃっこういん

MAP P.46- 3

聖徳太子が建てた古刹。平清盛の娘・建礼門院が壇ノ浦で滅亡した平家一門と子の安徳天皇の菩提を弔うため余生を過ごした閑寂の寺。

📞075-744-3341 🚌京都バス・大原下車、徒歩15分 📍京都市左京区大原草生町676 🕐9:00～17:00(冬期は～16:30) 休無休 料600円 Ｐなし

大原御幸を偲ばす汀の桜が咲く尼寺

建礼門院を訪ねたあと、白河法皇が詠んだ歌ゆかりの桜が咲く「汀の池」

香しい花参詣のとき

京都市上京区 MAP P.170 C-2

北野天満宮
きたのてんまんぐう

**白梅、紅梅、一重、八重と多彩に香る
菅原道真公ゆかりの梅苑「花の庭」**

学問の神様・菅原道真公を祀る「天神さん」。
受験シーズンには合格祈願で賑わう梅の名所として定番。

天暦元年（947）創建、全国に約1万2000社ある天満宮・天神社の総本社。御祭神の菅原道真公（菅公）が太宰府に左遷の際に詠んだ「東風吹かば匂ひおこせよ梅の花主なしとて春を忘るな」の歌は有名。
自邸を紅梅殿と名付けたほど梅の花を愛した菅公ゆかりの梅は、梅苑「花の庭」を中心に、国宝の御本殿など檜皮葺きの典雅な御社殿が立ち並ぶ境内を彩って香り立つ。早咲きの梅は例年12月中旬頃からつぼみがふくらみ始め、正月明けから開花。徐々に咲きつなぎ、菅公の祥月命日2月25日の梅花祭から3月末頃まで長く楽しめる。

御本殿前の飛梅は、飛梅伝説伝承の御神木と位置づけられる特別な梅

48

季節のたより	
梅	2月中旬～3月中旬
桜	4月上旬～中旬
紅葉	11月中旬～12月上旬

梅苑「花の庭」では散策路に沿って約50種、約1500本の梅が咲き誇る。梅苑を360度見渡すことができる展望台もある

ACCESS
アクセス

京都駅
↓ 地下鉄烏丸線で10分
今出川駅

今出川駅すぐの烏丸今出川バス停から市バス203系統で11分、北野天満宮前下車すぐ。または京都駅から市バス50系統で33分、北野天満宮前下車。

INFORMATION
問い合わせ先

北野天満宮 ☎075-461-0005

DATA
観光データ

所 京都市上京区馬喰町 開 7:00(社務所は通年9:00)～17:00、梅苑公開2月1日～3月下旬9:00～16:00、もみじ苑公開11月上旬～12月上旬9:00～16:00 ※ライトアップ期間中(11月下旬～12月上旬)は～20:00 休 無休 料 境内自由、宝物殿800円、梅苑1200円、もみじ苑1200円(茶菓子付) P 300台(有料、毎月25日は縁日のため駐車不可)
※詳細はHPで要確認

BEST TIME TO VISIT
訪れたい季節

春の梅苑「花の庭」は長く見頃が続き、「御土居(おどい)のもみじ苑」は青もみじと紅葉シーズンに公開される。ろうそくで照らす梅のライトアップも珍しい。桜は紅梅殿前ほか境内各所で見られる。日にちが合えば毎月25日に行われる縁日「天神市」ものぞいてみたい。

朱塗りの太鼓橋・鶯橋に紅葉が映える「史跡御土居のもみじ苑」

香しい花参詣のとき

周辺のスポット

千本釈迦堂（大報恩寺）
せんぼんしゃかどう（だいほうおんじ）
MAP P.49

内助の功で夫の棟梁を助け、この寺を建てた妻・おかめの物語や12月の大根焚きなどで有名。本堂は洛中最古の国宝建造物で、仏像彫刻の宝庫。

洛中最古の本堂におかめ伝説が残る

おかめ像が見守る早咲きのしだれ桜は「おかめ桜」と名付けられている

☎075-461-5973 交 烏丸今出川バス停から市バス203系統で10分、上七軒下車、徒歩3分 所 京都市上京区五辻通六軒町西入溝前町 開 休 料 境内自由(本堂・霊宝館9:00～17:00、700円) P あり(無料)

49

京都市右京区 MAP P.170 A-1

西明寺
さいみょうじ

豊かな自然に古刹が建つ高雄の春
ミツバツツジが槇尾山を覆い尽くす

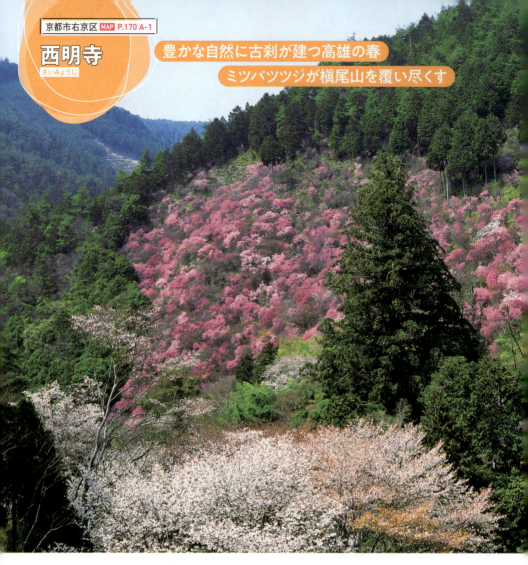

ACCESS
アクセス

京都駅
↓ 西日本JRバス高雄・京北線で55分
槇ノ尾バス停

槇ノ尾バス停から徒歩5分。市バスは四条烏丸(地下鉄烏丸線・四条駅からすぐ)から8系統が出ている。槇ノ尾まで51分。

INFORMATION
問い合わせ先

西明寺 ☎075-861-1770

DATA
観光データ

所 京都市右京区梅ヶ畑槇尾町1
開 9:00〜17:00(入門は閉門30分前まで)
休 不定休 料 700円 P なし

BEST TIME TO VISIT
訪れたい季節

見事な紅葉が見られる場所でもあり、京都市中心部より見頃が早い。境内入口にある指月橋の周りは色とりどりのモミジで埋め尽くされる。境内にも多くのイロハモミジが植えられ、特に本堂西側の廊下からの眺めが素晴らしい。

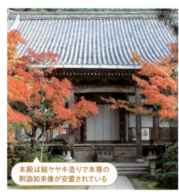

本殿は総ケヤキ造りで本尊の釈迦如来像が安置されている

北山杉が立ち並ぶ、京都の奥座敷に位置する山寺。
山桜やミツバツツジは春の高雄の風物詩。

季節のたより
- 桜 4月上旬〜中旬
- ツツジ 4月上旬〜中旬
- 紅葉 11月上旬〜中旬

京都市北西部、山あいの清滝川沿いに広がる高雄は、高雄(尾)、槇尾、栂尾の3地区に大きく分かれる。名前は各エリアにある寺院の山号からとっている。

平安時代初期に建てられた、槇尾にある西明寺。遅咲きの山桜が咲く頃、寺の裏山(槇尾山)では鮮やかなピンク色のミツバツツジが見頃を迎え、山の緑とのコントラストが見事。境内にもしだれ桜やミツバツツジが植えられており、参拝後は花々のほか、本堂前にそびえる樹齢600年の槇の大木、本堂東側の苔庭などから、自然のパワーをいただいて帰りたい。

香しい花参詣のとき

寺院の裏にそびえる槇尾山を一面に覆うミツバツツジ。濃淡のピンクのグラデーションも楽しい。山桜の開花のタイミングを狙って訪れてみたい
写真:室田康雄/アフロ

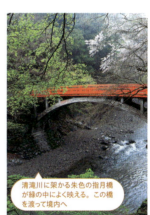

清滝川に架かる朱色の指月橋が緑の中によく映える。この橋を渡って境内へ

周辺のスポット

高山寺
こうさんじ
MAP P.51

創建は奈良時代にまで遡るとされ、建永元年(1206)に明恵上人が高山寺として再興。所蔵する国宝、重要文化財は1万点余りに及ぶ文化財の宝庫。

栂尾に建つ古刹で貴重な国宝を拝観

太陽の光が差し込む善財童子像が置かれた石水院廂(ひさし)の間

☎075-861-4204 ❋京都駅から西日本JRバス高雄・京北線で56分、栂ノ尾下車、徒歩3分 ❋京都市右京区梅ケ畑栂尾町8 ❋8:30〜17:00 ❋無休 ❋石水院1000円 ❋市営高雄観光駐車場利用(11月は有料)

京都市山科区 MAP P.169 D-2

勧修寺
かじゅうじ

平安期、五穀豊穣を占った池に凛と咲く菖蒲が映える

平安期には、池に張った氷の厚さで五穀豊穣を占ったとされる氷室池。初夏は紫・ピンク・白の花菖蒲が花を咲かせる。池の向こう側には、観音堂を望む

季節の花と水鳥が賑わいをもたらす氷室池（ひむろいけ）が、平安期の面影を伝える。上品で雅な門跡寺院を歩く。

平安時代初期、昌泰（しょうたい）3年（900）に醍醐（だいご）天皇の生母・藤原胤子（ふじわらのいんし）の菩提を弔うために創建された。度重なる戦火により焼失したが、江戸時代に徳川氏と皇室の援助により再興。内部は原則非公開。

最大の見どころは氷室池を中心とする池泉回遊式庭園。四季折々の花々が植栽され、なかでも桜や藤、カキツバタ、花菖蒲、スイレンなどが人気。例年、冬は氷室池にマガモが羽を休めに訪れる。氷室池周辺の散策を終えたら、樹齢750年を超えるハイビャクシンや徳川光圀（とくがわみつくに）が寄進したという雪見灯籠も見ておきたい。

スイレンの開花は5月中旬～6月下旬。スイレンは朝開花し、午後には閉じるため、早めの見学がおすすめ

52

ヒノキ科常緑針葉樹のハイビャクシン。地面をはうように生長する

季節のたより

花菖蒲	5月中旬～下旬
桜	3月下旬～4月上旬
藤	4月下旬～5月初旬
アジサイ	6月中旬～7月中旬
蓮	7月上旬～8月下旬
紅葉	11月上旬～12月上旬

ACCESS
アクセス

京都駅
↓ 地下鉄烏丸線・東西線で33分
（途中、烏丸御池駅で乗り換え）

小野駅

小野駅から徒歩6分。または京都駅八条口から京阪バス京都醍醐寺ラインで21分、勧修寺北出町下車、徒歩6分。

INFORMATION
問い合わせ先

勧修寺 ☎075-571-0048

DATA
観光データ

所 京都市山科区勧修寺仁王堂町27-6
開 9:00～16:00（最終受付） 休 無休
料 500円 P30台（無料）

BEST TIME TO VISIT
訪れたい季節

勧修寺では春の桜（参道、観音堂前）も、秋の紅葉（寝殿前、本堂前）も素晴らしい景観が望めるが、ベストタイミングは5月中旬から7月上旬にかけて。氷室池周辺の蓮、花菖蒲に始まり、アジサイ（本堂前）、ハンゲショウと夏に向かって次々とあでやかな花が咲き誇る。

香しい花参詣のとき

参道に続く白壁の築地塀（ついじべい）が門跡寺院だった頃の格式を今に伝える。春には桜並木が現れる

53

京都市左京区 MAP P.166 C-2

妙満寺
みょうまんじ

赤、ピンク、白のグラデーション
山門を包み込む約5000株のツツジ

ACCESS
アクセス

京都駅
↓ 地下鉄烏丸線で20分
国際会館駅

国際会館から徒歩20分、または京都バス40・52系統で3分、幡枝（妙満寺）下車、徒歩3分。ほか叡山電鉄鞍馬線・木野駅から徒歩5分。

INFORMATION
問い合わせ先

妙満寺 075-791-7171

DATA
観光データ

所 京都市左京区岩倉幡枝町91
開 9:00～16:00（最終入場） 休 無休
料 600円 P 50台（無料）

BEST TIME TO VISIT
訪れたい季節

つつじ園では5月中旬にはカキツバタや水辺にはスイレン、7月頃には蓮が咲き誇る。秋には山門沿いや本堂前でモミジが色づき、ツツジの季節とは異なる趣が見られる。同じ場所でも四季折々の風情があり、季節を変えて訪れたい。

大書院前には鮮やかなしだれ桜を中心に大きな桜の木が並ぶ

市街地の喧騒から離れた洛北・岩倉たたずむ寺院。
春の境内は、鮮やかなツツジの花で華やかに。

季節のたより
ツツジ 4月下旬〜5月上旬
桜 3月下旬〜4月上旬
紅葉 11月下旬〜12月上旬

康応元年（1389）の創建以降は、京都市中に位置していたが、近代化による市中の環境悪化の影響を避けるため、昭和43年（1968）に現在の岩倉の地に遷堂した。本堂横に建つ高さ52mの仏舎利塔は、インドの大菩提寺の大塔を再現。俳諧（俳句）の先駆者とされる松永貞徳作庭の「雪の庭」は、比叡山を借景とした枯山水庭園。

境内には約5000株ものツツジが植えられている。山門周りのつつじ園では、満開の時期を迎えると色とりどりの景観に。山門を抜け本堂までの参道にも白やピンク、赤のツツジの花が続く。

香しい花参詣のとき

山門の周りには色とりどりのツツジが咲き乱れる。威厳ある山門と鮮やかな花が参拝者を出迎えてくれる

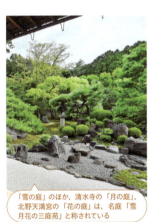

「雪の庭」のほか、清水寺の「月の庭」、北野天満宮の「花の庭」は、名庭「雪月花の三庭苑」と称されている

周辺のスポット

御幸御殿から庭を望む。秋は緑と紅葉のコントラストも見られる

圓通寺 えんつうじ
比叡山を借景とした広大な枯山水庭園
MAP P.55

前身は正保年間（1644〜48）に後水尾上皇が築いた幡枝離宮。当時の面影を残す、400坪ある借景式枯山水平庭園は、杉苔の緑が美しく、平らに配された石が印象的。

☎075-781-1875 🚇地下鉄・国際会館駅から京都バス特40系統で6分、西幡枝（円通寺前）下車、徒歩3分 📍京都市左京区岩倉幡枝町389 🕙10:00〜16:30（12〜3月は〜16:00）受付は各30分前まで 休水曜、12月末に3日間（不定）、特別法要日 料500円 Ｐあり（無料）

55

京都市西京区 MAP P.170 A-3

松尾大社
まつのおたいしゃ

京都最古の神社に咲く黄金色のヤマブキ
華やかな楼門には匠の技が息づく

高さ約11m、檜皮(ひわだ)葺きの楼門と周辺に咲くヤマブキの花。楼門の随神を囲むように張られた金網には、願い事が書かれた杓子が奉納されている

松尾山の麓にたたずみ、1300年以上の歴史を持つ。小川沿いや楼門そばに咲くヤマブキが春の訪れを告げる。

奈良時代創建で、京都最古の神社のひとつ。境内には亀の井と呼ばれる湧水が湧き出し、山の神や農耕、酒造の神として崇められている。また重森三玲による「松風苑三庭」も名高く、上古の庭、曲水(きょくすい)の庭、蓬莱(ほうらい)の庭の3つから構成される。それぞれ異なるテーマのダイナミックな石組みが特徴。

松尾大社は関西でも指折りのヤマブキの名所として知られ、毎年4・5月には「山吹まつり」が行われる。約3000株の花が境内に咲き、木造の楼門との組み合わせは特に趣のある風景。参道や一ノ井川沿いにも群生が見られる。

「曲水の庭」は曲がる湧水の流れを中心とした曲水の宴を思わせる設計

ACCESS
アクセス

京都駅
↓ 市バス28系統で38分
松尾大社前バス停

松尾大社前バス停から徒歩3分。または阪急嵐山線・松尾大社駅から徒歩2分。

INFORMATION
問い合わせ先

松尾大社 ☎075-871-5016

DATA
観光データ

⌂京都市西京区嵐山宮町3
⏰境内自由、庭園9:00〜16:30(日曜、祝日は〜17:00)受付は各30分前まで
休無休 料庭園・神像館共通500円
🅿100台(無料)

BEST TIME TO VISIT
訪れたい季節

ヤマブキの見頃より少し早めの4月上旬なら、桜が満喫できる。新緑の中に華やかなピンクが際立ち、赤鳥居を飾り参拝者を出迎える。ソメイヨシノや山桜が参道や一ノ井川沿いにも咲く。

5月頃の楼門前には真っ赤なブラシノキが見頃を迎える

周辺のスポット

梅宮大社
うめみやたいしゃ

MAP P.57

酒造の神や、安産・子授けの神を祀る。境内には神苑をはじめ400本以上の梅の木が植えられ、2月中旬〜3月中旬で見頃を迎える。

☎075-861-2730 🚌京都駅から市バス28系統で33分、梅宮大社前下車、徒歩3分/阪急嵐山線・松尾大社駅から徒歩15分
⌂京都市右京区梅津フケノ川町30
⏰9:00〜17:00(神苑は〜16:30) 休無休
料無料(神苑600円) 🅿あり

境内に咲く花も
ご利益もさまざま

梅のほか花菖蒲、カキツバタ、アジサイなどにも注目。写真は東神苑のキリシマツツジ

季節のたより
ヤマブキ
4月中旬〜5月上旬
桜 3月下旬〜4月上旬
サツキ 5月下旬〜6月上旬
紅葉 11月下旬〜12月上旬

香しい花参詣のとき

宇治市 MAP P.169 D-3

三室戸寺
みむろとじ

初夏の訪れを祝う多種多様なアジサイ
花一面の境内を歩く

季節のたより

アジサイ 6月初旬～7月上旬
- 桜 4月上旬
- ツツジ 4月下旬～5月上旬
- 蓮 6月下旬～8月上旬
- 紅葉 11月下旬～12月上旬
- 梅 2月中旬～3月中旬

色鮮やかな朱色の山門に、初夏の緑と彩り豊かなアジサイの花が映える。花の集まりがハート形やリング形に見えるものがあり、散策の楽しみになっている

> 平等院から徒歩25分ほどの山麓にある宇治の「花の寺」。
> アジサイ、蓮、梅、ツツジ…四季折々に花が境内を彩る。

色も品種も多彩なツツジは、例年ゴールデンウィーク前後に満開を迎える

光仁、花山、白河の3天皇の離宮になったことから「三室戸寺」と呼ぶ。西国札所第十番の観音霊場で、宝亀元年(770)に発見された黄金の仏像を本尊とし、皇族や貴族の崇敬を集めてきた。

約5000坪ある大庭園は花の名所として名高い。「アジサイ寺」という別名があるほどの規模を誇る「あじさい園」には、セイヨウアジサイやカシワバアジサイ、幻のアジサイといわれる七段花をはじめ、約50種2万株が育つ。アジサイのほか、つつじ・しゃくなげ園やしだれ梅園などもあり、「花の寺」にふさわしい景観が広がる。

本堂前には約100種250鉢の蓮の花が植えられている

周辺のスポット

伊藤久右衛門 本店茶房
いとうきゅうえもん ほんてんさぼう
MAP P.59

創業190年以上の老舗茶舗が手がける和カフェ。石臼引きの上質な抹茶を和スイーツや宇治名物・茶そばなどで味わえる。
☎0774-23-3955 ✉京阪・三室戸駅から徒歩7分/JR宇治駅から徒歩15分
🏠宇治市莵道荒槙19-3 ⏰10:00〜18:00(LO17:30) 🚫無休 🅿あり(無料)

特選伊藤久右衛門パフェ 1390円は、和の食材をふんだんに使用

石臼引きの抹茶をスイーツで堪能

抹茶みつをたっぷりとかけて味わう、抹茶あんみつ1090円

お茶と宇治のまち歴史公園 茶づな
おちゃとうじのまちれきしこうえん ちゃづな
MAP P.59

宇治茶のミュージアムをメインに、抹茶作りや季節限定茶摘み体験などを開催している。お茶や宇治の観光がさらに楽しめる。
☎0774-24-2700 ✉京阪・宇治駅から徒歩4分/JR宇治駅から徒歩12分 🏠宇治市莵道丸山203-1 ⏰9:00〜17:00(ミュージアムの最終入館16:30) 🚫無休 💰600円(体験は別途2000円〜) 🅿あり(有料)

宇治茶にまつわる体験がズラリ

宇治茶が飲みたくなる情報満載の「宇治茶の間」

2階の展望テラス(無料エリア)から、宇治川や街を望む

ACCESS
アクセス

京都駅
↓ JR奈良線みやこ路快速で11分
六地蔵駅
↓ 京阪宇治線で7分
三室戸駅

三室戸駅から徒歩15分。JR六地蔵駅から京阪宇治線・六地蔵駅までは徒歩10分。JR六地蔵駅には地下鉄東西線が接続する。またはJR宇治駅からみやこ路快速で16分)から京阪バス40・40A系統で8分、門前下車、三室戸寺まで徒歩8分。

INFORMATION
問い合わせ先
三室戸寺 ☎0774-21-2067

DATA
観光データ
🏠宇治市莵道滋賀谷21
⏰8:30〜16:30(入山は〜15:40)
11〜3月は16:00(入山は〜15:10)
🚫8月11〜17日、12月29〜31日
💰1000円 🅿なし

BEST TIME TO VISIT
訪れたい季節

アジサイが見頃のシーズンでは、週末にのみライトアップが行われる。春なら約2000坪の広さのしだれ梅園、宇治のなかでは穴場とされるしだれ桜、約3万株の規模を誇るツツジに注目。夏に訪れるなら、蓮の開花時期に合わせたい。

香しい花参詣のとき

長岡京市 MAP P.168 B-2

長岡天満宮
ながおかてんまんぐう

菅原道真公が別れを惜しんだ地
真っ赤に染めるキリシマツツジの参道

市の花として地元民にも愛されるキリシマツツジ。
菅原道真公が愛した梅と並ぶ、神社を代表する花。

京都三山のひとつ・西山に位置し、菅原道真公が在原業平とともに詩歌管弦を楽しんだ場所とされ、太宰府に左遷される際はここに立ち寄り、都を名残惜しんで御自作の木像を祀った。これが長岡天満宮の始まりといわれる。

梅、桜、花菖蒲、蓮など季節ごとの花の名所としても有名。春のキリシマツツジが特に人気で、境内東側の八条ヶ池周辺に植栽されたキリシマツツジが鮮やかな赤い花を咲かせる。正面大鳥居から続く中堤の参道の景色が、訪れた参拝客の目を楽しませる。

八条ヶ池に咲く、彩り鮮やかな花菖蒲

樹齢約170年、樹高約2.5mのキリシマツツジ。八条ヶ池を二分する中堤(中央参道)は、キリシマツツジの開花時期のみ通行できる

初夏になると八条ヶ池では中国・寧波市から贈られた約300株の紅蓮が開花

ACCESS
アクセス

京都駅
↓ JR東海道本線(JR京都線)各停で11分
長岡京駅

長岡京駅から徒歩20分。または阪急京都線・京都河原町駅から特急で12分、長岡天神駅下車、徒歩10分。

INFORMATION
問い合わせ先

長岡天満宮 ☎075-951-1025

DATA
観光データ

所 長岡京市天神2-15-13 料 境内自由(社務所9:00〜17:00)
P 60台(30分100円、繁忙期は変更あり)

BEST TIME TO VISIT
訪れたい季節

キリシマツツジの開花情報は、例年、公式サイトで発信している。5月から6月にはアヤメや花菖蒲、7月上旬から下旬には紅蓮が開花。紅葉時期にはライトアップが実施される。八条ヶ池周辺にはさまざまな花が咲く。

香しい花参詣のとき

季節のたより

キリシマツツジ
4月中旬〜下旬

- 桜　3月下旬〜4月上旬
- 花菖蒲　6月上旬〜中旬
- 紅蓮　7月中旬〜8月中旬
- 紅葉　11月中旬〜12月上旬
- 梅　2月中旬〜3月中旬

周辺のスポット

乙訓寺
おとくにでら
MAP P.61

多種多様なボタンの花に出会う

真言宗豊山派の古刹で、飛鳥時代に聖徳太子が創建したと伝わる。例年4月中旬に約30種1000株のボタンが咲く。

☎075-951-5759 ✉JR長岡京駅から阪急バス20系統などで15分、薬師堂下車、徒歩8分/阪急京都線・長岡天神駅から徒歩20分 所長岡京市今里3-14-7 開8:00〜17:00 休無休 料500円 P あり(入山料支払い者のみ利用可)

開花時期に合わせて「乙訓寺牡丹まつり」を開催

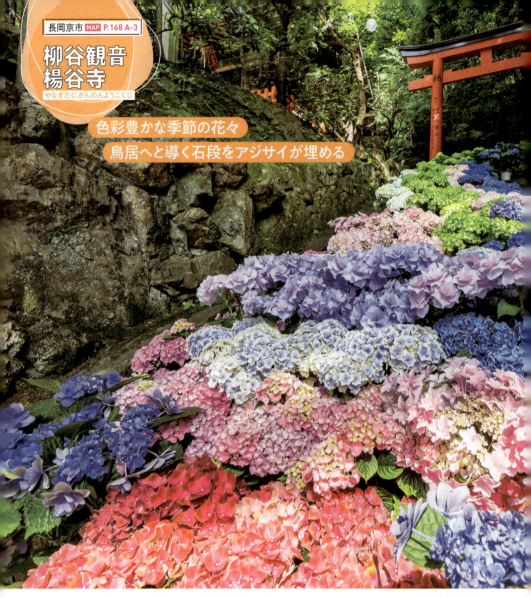

長岡京市 MAP P.168 A-3

柳谷観音 楊谷寺
やなぎだにかんのんようこくじ

色彩豊かな季節の花々
鳥居へと導く石段をアジサイが埋める

季節の花を浮かべた、かわいらしい花手水。境内に数カ所ありSNSでも大人気

深緑の杉木立や青もみじに覆われる庭園を上書院から眺める

眼病治癒や安産祈願で信仰を集めてきたが、近年は写真映えする景観に出会えることでも人気に。

季節のたより
アジサイ	6月
紅葉	11月中旬〜12月上旬
椿	3月下旬〜4月上旬
オオデマリ	4月下旬〜5月上旬

長岡京市の山中に位置。天皇家とも関係が深く、眼病治癒の祈願をし、長らく天皇家に独鈷水を献上していた。近年では、手水舎に四季折々の花を浮かべる花手水発祥の寺として話題に。

京都でも有数の規模を誇るアジサイの名所として知られ、一般的なセイヨウアジサイや日本原産のガクアジサイ、そして希少な七段花など約30種類、5000株のアジサイが色とりどりに咲く。奥の院周辺の小道は花とアジサイ柄の傘で彩られる。花手水やアジサイの花が押された御朱印もあり、楽しみがいっぱいだ。

階段に並べられた鉢植えのアジサイが朱色の鳥居へと続く。アジサイ単体でも、一緒に撮るのでも美しい人気のフォトスポット

ACCESS アクセス
京都駅
↓ JR東海道本線(JR京都線)各停で11分
長岡京駅
長岡京駅から阪急バス8・9系統で15分、奥海印寺下車、徒歩40分。毎月縁日(17日)は送迎シャトルバス(片道500円)あり。

INFORMATION 問い合わせ先
柳谷観音楊谷寺 ☎075-956-0017

DATA 観光データ
所 長岡京市浄土谷堂ノ谷2
開 9:00〜17:00(受付は〜16:30)
休 無休 料 500円〜(季節により異なる)
P あり(無料)

BEST TIME TO VISIT 訪れたい季節
山全体が紅く染まる紅葉シーズンも見どころ。赤一色に染まる景色を見下ろせる上書院は、毎月17日の午前中にのみ限定公開されている。花手水にも赤や黄色のモミジがさまざまな形に浮かべられるなど写真スポットが点在する。

香しい花参詣のとき

アジサイ柄の傘をさして、アジサイと写真を撮るアンブレラスカイ

京都市右京区 MAP P.170 C-2
法金剛院
ほうこんごういん

極楽浄土を模した寺院に世界各国の蓮が咲き誇る

季節のたより
- 蓮　7月上旬〜下旬
- 桜　3月下旬〜4月上旬
- アジサイ　6月
- 嵯峨菊　11月初旬
- 紅葉　11月下旬〜12月上旬

「観蓮会」の期間は7時30分から12時30分までの開場で、受付は12時まで。日程等の詳細は事前に要確認

> 極楽浄土の花が咲き、平安期を偲ばせる「蓮の寺」は、花の魅力が最も感じられる早朝にこそ訪れたい。

大治5年(1130)、鳥羽天皇の皇后・待賢門院により創建。極楽浄土を模したと伝わる庭園が名高く、昭和45年(1970)の発掘調査をきっかけに、故・川井戒本前住職が復元させた。

境内一面には極楽浄土に咲く花とされる蓮が植えられている。日本最古の人工滝「青女の滝」を中心とした回遊式浄土庭園では、7月上旬から下旬に世界各国から集めた約90種の蓮が開花する。蓮の開花期間中は、「観蓮会」と称し、花が最も香り高く美しい早朝から門戸を開き、参拝者を受け入れる時間帯を設けている。

ACCESS
アクセス

京都駅
JR山陰本線(嵯峨野線)で13分

花園駅
花園駅から徒歩3分。または地下鉄烏丸線・丸太町駅(京都駅から7分)すぐの烏丸丸太町バス停から市バス93系統で22分、花園扇野町下車、徒歩1分。

INFORMATION
問い合わせ先
法金剛院　075-461-9428

DATA
観光データ

所　京都市右京区花園扇野町49
毎月15日9:30〜16:30(受付は〜16:00、季節により変動、HPで要確認)
休　不定休　料　500円　P　約20台(無料)

白、紅、黄色など、さまざまな色・形の蓮が次々と開花する

京都市左京区 MAP P.171 F-2

霊鑑寺
れいかんじ

後水尾天皇の皇女が愛でた椿
約370年の時を超えて咲く

緑鮮やかな天然のビロードに、赤い散り椿が彩りを添える春の風物詩。江戸中期の池泉鑑賞式庭園は、苔のほか石組みにも注目したい

季節のたより
- 椿 3月下旬～4月初旬
- 桜 3月下旬～4月上旬
- 紅葉 11月下旬～12月上旬

香しい花参詣のとき

椿の花のデコレーションが毎年話題に。大玄関前では竹の花器に椿が飾られる

哲学の道(P.146)とセットで訪れたい「椿の寺」。
趣向を凝らした映えスポットとともに花を愛でたい。

　承応3年(1654)に後水尾天皇の皇女・多利宮が創建した尼門跡寺院で、歴代の皇女が住職を務めた。かつては鹿ヶ谷の渓流沿いにあったことから「谷御所」「鹿ヶ谷比丘尼御所」とも呼ばれる。
　椿愛好家だった後水尾天皇の時代に植栽されたとされる日光椿は、京都市指定天然記念物。ほかに白牡丹椿、舞鶴椿など霊鑑寺固有種を含む100種以上の椿が植栽されている。見学は椿の花が楽しめる春と、紅葉が美しい秋の特別公開の期間のみ。春は木々に咲く椿はもちろん、緑の苔の上に彩りを添える散り椿も趣深い。

ACCESS
アクセス

京都駅
↓ 地下鉄烏丸線で7分
丸太町駅

丸太町駅すぐの烏丸丸太町バス停から市バス93・204系統で14分、真如堂前下車、徒歩7分。ほか京都駅から市バス5系統で39分、真如堂前下車。

INFORMATION
問い合わせ先
霊鑑寺 ☎075-771-4040

DATA
観光データ
所 京都市左京区鹿ヶ谷御所ノ段町12
開 特別拝観時のみ10:00～16:30
休 通常非公開 料 特別拝観時のみ600円 P あり(無料)

COLUMN

古(いにしえ)の空間で感じる新たな美の世界

社寺に彩りを添える現代アート

一面ごとに歴史を語る襖絵、立体的な空間を生かして多様な絵柄が並ぶ天井画など、伝統的な社寺空間に新たな息吹を吹き込む作品をご紹介。

小野小町の伝説が息づく
平安の美と哀を描く60面

極彩色梅匂小町絵図
ごくさいしきうめのにおいこまちえず

若手アーティストユニット「だるま商店」が制作した襖絵。鮮やかな薄紅色を基調に、小野小町の一生を描いている。着物姿で襖絵と一緒に撮影することもできる。

随心院 ずいしんいん
京都市山科区 MAP P.169 D-2
➡ P.13

随心院に咲く紅梅に由来する「はねず色」を基調とした極彩色に注目

生命の美しさと
極楽浄土を描いた「蓮・三部作」

蓮 ― 青の幻想・生命賛歌・極楽浄土
はす ― あおのげんそう・せいめいさんか・ごくらくじょうど

座って見ると、襖の枠をはみ出た迫力ある構図がよりせまって感じられる

アクリル絵具が使用され、青・赤・黄・白などの鮮やかな色彩が特徴。座って鑑賞することを想定して描かれ、美しさをより身近に感じてもらう工夫がされている。

青蓮院門跡 しょうれんいんもんぜき
京都市東山区  MAP P.171 E-3
➡ P.23

仰向けに横たわって鑑賞することも許されており、天井全体を見渡せる

天井一面を埋め尽くす花々たち、約160枚の美

客殿(則天の間)の天井画
きゃくでん(そくてんのま)のてんじょうが

約90名の日本画家が描いた天井画。花々を中心に舞妓、鬼、紋様、漢字など多種多様な絵柄が並ぶ。画家によって絵のタッチが異なり、その個性がおもしろい。

正寿院 しょうじゅいん
宇治田原町 MAP P.169 F-4

📞 0774-88-3601 🚃 JR／京阪・宇治駅から京阪バス維中前行き(冬期12月中旬～3月中旬は運休)で45分、奥山田正寿院口下車、徒歩15分 🚗 宇治田原町奥山田川上149
🕘 9:00～16:30(12～3月10:00～16:00) ℹ️ HPで要確認
💴 600円 🅿️ あり(無料)

66

京もみじ、社寺に舞う

社殿や伽藍、庭園とともに織りなす紅葉絵巻は、和歌や景観保全で大切に受け継がれてきた。平安貴族は秋をもの寂しい季節ととらえていたが、現代の京都では桜と並び、最も賑わう時季だ。

京もみじ、社寺に舞う

臥雲橋から望む渓谷・洗玉澗と通天橋。法堂と開山堂を結ぶ修行のための橋で、橋下の葉先が3つに分かれた黄金色のミツバカエデは、聖一国師が中国の宋より持ち帰ったものと伝わる

> 新緑、紅葉で名高い東福寺で絵になるのが渓谷・洗玉澗(せんぎょくかん)に架かる
> 臥雲橋(がうんきょう)、通天橋(つうてんきょう)、偃月橋(えんげつきょう)の3つの橋。重森三玲(しげもりみれい)の方丈庭園や塔頭の枯山水も人気が高い。

摂政・九條道家(くじょうみちいえ)が聖一国師(しょういちこくし)を開山として菩提寺を発願し、嘉禎2年(1236)から19年の歳月をかけて七堂伽藍を造営。奈良の「東」大寺と興「福」寺が名前の由来とされる。寺域は5万坪。現存最古の三門(国宝)をはじめ、浴室、東司(とうす)、禅堂など禅僧の生活を知る上で貴重な建築が残る。

秋は渓谷・洗玉澗に架かる臥雲橋や通天橋から望む景色はまるで紅葉の雲海を渡るよう。方丈では東西南北に昭和の作庭家・重森三玲による「市松模様」や「北斗七星」などを表現した個性的な4つの枯山水の庭が楽しめる。

洗玉澗に架かる本堂と開山堂を結ぶ長さ約27mの通天橋。紅葉シーズンには立ち止まっての写真撮影が禁止となる場合も

再利用した切石と苔で表現された小市松模様の北庭

足下に宇宙を見せる東庭は柱石で北斗七星を表現

ACCESS
アクセス

京都駅
↓ JR奈良線で3分
東福寺駅

東福寺駅から徒歩12分。ほか河原町に近い祇園四条駅から京阪本線で5分、東福寺駅下車、徒歩12分。バスの場合は京都駅から市バス208系統で16分、東福寺下車、徒歩12分。

INFORMATION
問い合わせ先

東福寺 075-561-0087

DATA
観光データ

所 京都市東山区本町15-778 開 9:00(秋の拝観期間8:30)~16:30(受付は~16:00) 12~3月は~16:00(受付は~15:30) 休 無休 本坊庭園500円、通天橋600円(紅葉時期は1000円)、本坊庭園・通天橋共通1000円(時期により設定なしの場合あり) P 35台(無料、秋の拝観期間は利用不可)

BEST TIME TO VISIT
訪れたい季節

洗玉澗の紅葉の見頃は11月中旬~12月中旬、色づき始めから散り紅葉まで約1カ月間ある。期間中は通行に規制がかかるほど通天橋、臥雲橋などは混雑必至。秋だけ公開される塔頭も見逃せない。初夏のさわやかな青もみじの頃もおすすめ。

70

TRAVEL PLAN

インバウンドに絶大な人気を誇る伏見稲荷大社までを巡るコース。古くから紅葉の名所として知られる東福寺や泉涌寺では、塔頭にも見るものが多い。

COURSE

8:45	東福寺駅
↓	徒歩12分
9:00	東福寺
↓	徒歩4分
10:30	東福寺 芬陀院
↓	徒歩5分
11:10	東福寺 龍吟庵
↓	徒歩25分
12:30	泉涌寺
↓	徒歩20分+電車2分+徒歩すぐ
14:30	伏見稲荷大社
↓	徒歩すぐ
16:30	稲荷駅

東福寺
とうふくじ

通天橋を渡った山中にある開山堂。上層の伝衣閣（でんねかく）の楼閣が珍しい

東福寺 芬陀院
とうふくじ ふんだいん

MAP P.70- 1

雪舟（せっしゅう）作と伝わる鶴亀の庭があるところから雪舟寺で知られる。茶室「図南亭（となんてい）」の丸窓から望む東庭は重森三玲の作庭。

📞075-541-1761　🚃JR／京阪・東福寺駅から徒歩10分　📍京都市東山区本町15-803　🕘9:00〜16:30（冬期は〜16:00）　❌不定休　💴500円　🅿あり（無料、秋期は閉鎖）

雪舟の美意識を見る 鶴亀の庭

一面の苔と流れるような白砂が美しい枯山水。亀石が夜ごと動いたという伝説がある

東福寺 龍吟庵
とうふくじ りょうぎんあん

MAP P.70- 2

現存最古の方丈は国宝。龍に見立てた石組みや赤砂の枯山水など重森三玲晩年の「永遠のモダン」の庭園が楽しめる。

📞075-561-0087（東福寺）　🚃JR／京阪・東福寺駅から徒歩10分　📍京都市東山区本町15-778　🕘春と秋の2回公開（公式HPで要確認）　🅿あり（無料）

ドラマチックで前衛的な枯山水庭園

海中から黒雲に乗って浮かび上がる龍を石組みで表現。奥の竹垣には稲妻模様が施されている

泉涌寺
せんにゅうじ

MAP P.70- 3

歴代天皇の菩提所として御寺と尊称される。観音堂には楊貴妃がモデルと伝わる聖観音像が安置され、女性の参拝者が多い。

📞075-561-1551　🚃JR／京阪・東福寺駅から徒歩20分　📍京都市東山区泉涌寺山内町27　🕘9:00〜16:30（12〜2月は〜16:00）　❌無休　💴伽藍拝観500円、御座は別途500円　🅿あり（無料）

幽邃の地に鎮座する 御寺の楊貴妃観音

唐の皇帝・玄宗（げんそう）が楊貴妃を偲び作らせたとの伝説を生んだ聖観音像

伏見稲荷大社
ふしみいなりたいしゃ

MAP P.70- 4

全国に約3万社ある稲荷神社の総本宮。朱塗りの千本鳥居はフォトジェニックなスポットとして、撮影やSNSへの投稿をする日本人だけでなく外国人にも大人気。

📞075-641-7331　🚃京都駅からJR奈良線で5分、稲荷駅下車すぐ／京阪・伏見稲荷駅から徒歩5分　📍京都市伏見区深草薮之内町68　🕘境内自由　🅿あり（無料）

鮮やかな朱色と彫刻が印象的な本殿

お山を埋め尽くす 圧巻の朱塗りの鳥居群

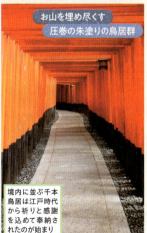

境内に並ぶ千本鳥居は江戸時代から祈りと感謝を込めて奉納されたのが始まり

京もみじ、社寺に舞う

京都市東山区 MAP P.171 E-3

清水寺
きよみずでら

平安期から親しまれた都の顔
壮大なスケールの清水の舞台へ

季節のたより
紅葉 11月下旬〜12月上旬
桜 3月下旬〜4月上旬

京もみじ、社寺に舞う

この「清水の舞台」の写真は奥の院からがベストポジション。「平成の大改修」がされた本堂の屋根に檜板の舞台、眼下に深紅に染まる木々、遠くには京の街が望める
写真提供：清水寺

> 清少納言が『枕草子』に「さはがしきもの」として清水寺の縁日を挙げているほど、古くから参拝する人で賑わってきた。京都にとどまらず、日本を代表する寺院のひとつ。

宝亀9年(778)に大和国の僧・延鎮が音羽の滝の上に観音様を祀ったことが始まり。延暦17年(798)に坂上田村麻呂が千手観音像を安置するための仏殿を建立したとされる。音羽山の中腹に広がる13万㎡の境内には、徳川家光が再建した30以上の堂塔伽藍が立ち並ぶ。

メインは清水の舞台。崖下の礎石から約13mの高さに釘を一本も使わず、伝統工法で組み上げられている。ご本尊に向けて舞を奉納する檜舞台だが、眼下の錦雲渓や遠く市街地を望む大勢の観光客がのってもびくともしない。舞台の正面に見える子安塔からは清水寺の各諸堂が一望できる。

写真提供：清水寺

高さ約30mの三重塔。東山の点景に欠かせないシンボル的な存在

高さ14mの鮮やかな朱塗りの堂々たる仁王門。「目隠し門」の異名もある

音羽の滝。3つの滝はそれぞれ学問、健康、縁結びのご利益があるという

ACCESS
アクセス

京都駅
↓ 市バス206系統で15分
五条坂または清水道バス停

五条坂または清水道バス停から徒歩10分。または阪急京都線・京都河原町駅そばの四条河原町バス停から市バス207系統で10分、五条坂または清水道下車。

INFORMATION
問い合わせ先

清水寺 ☎075-551-1234

DATA
観光データ

所 京都市東山区清水1-294
開 6:00～18:00(季節により変動あり)
休 無休 料 500円 P なし

BEST TIME TO VISIT
訪れたい季節

春、夏、秋の年3回実施される「夜間特別拝観」の期間中には、舞台の眼下に広がる錦雲渓を中心に境内を彩る桜、新緑、紅葉をライトアップされて幻想的。

約1000本のソメイヨシノと山桜が咲き誇る境内の春は華やか

74

TRAVEL PLAN

清水寺から高台寺を結ぶ清水坂・産寧坂(さんねいざか)・二寧坂(にねいざか)は風情あふれる坂道と石畳の道。京みやげや和スイーツ店など老舗から話題店まで目白押し。

COURSE

8:20	五条坂バス停
↓	徒歩10分
8:30	清水寺
↓	徒歩1分
10:30	清水坂
↓	徒歩6分
10:40	八坂庚申堂(金剛寺)
↓	徒歩すぐ
11:00	八坂の塔(法観寺)
↓	徒歩7分
13:00	京都しるく 東山高台寺店
↓	徒歩1分
13:30	高台寺
↓	徒歩7分
15:00	東山安井バス停

清水寺
きよみずでら

写真提供：清水寺

随求堂(ずいぐどう)。信者の求めに応じて願いを叶えてくれるという大随求菩薩を祀る

八坂庚申堂(金剛寺)
やさかこうしんどう(こんごうじ)

MAP P.74-[2]

庚申さんの使者である三猿と手足を縛られた「くくり猿」に願い事を書いて吊るし、欲をひとつ我慢すると願いが叶うという。
☎075-541-2565 ◎市バス・清水道下車、徒歩5分 ⌂京都市東山区金園町390 ⏰9:00～17:00 休無休 料無料 Pなし

写真映えする カラフルなくくり猿

境内に吊るされた色彩豊かな丸い玉が「くくり猿」。撮影スポットとして女性に人気

八坂の塔(法観寺)
やさかのとう(ほうかんじ)

MAP P.74-[3]

八坂神社(P.153)と清水寺の坂の中間に位置。石畳と風情ある町家に囲まれ、高さ46mの五重塔がそびえる。
☎075-551-2417 ◎市バス・清水道下車、徒歩5分 ⌂京都市東山区八坂上町388 ⏰10:00～15:00 休不定休 料400円(小学生以下拝観不可) Pなし

古都京都を代表する 東山のランドマーク

八坂通から仰ぎ見る。京都を舞台とするドラマなどには欠かせないスポット

京都しるく 東山高台寺店
きょうとしるく ひがしやまこうだいじてん

MAP P.74-[4]

ロングセラーの絹で磨く「絹羽二重珠の肌パフ」をはじめ、コスメ、バス雑貨などを扱う。舞妓さんをイメージしたパッケージも人気。
☎075-541-8974 ◎京都駅から市バス206系統で20分、東山安井下車、徒歩5分 ⌂京都市東山区高台寺下河原町526 高台寺賑台内 ⏰9:30～17:20(季節により延長の場合あり) 休無休 料あり(有料)

舞妓さんの肌を目指す シルクコスメ専門店

舞妓ちゃんハンド＆ネイルクリーム1540円。植物性保湿成分でなめらかな肌を実現

清水坂
きよみずざか

MAP P.74-[1]

まっすぐ歩けないほど 一年中賑わう参道

清水寺創建時に造られた参詣道。坂道の両側に京都ならではの多彩な店が軒を連ねる。
◎市バス・清水道下車すぐ

狭くゆるやかな坂道が続き、坂道の上に清水寺の仁王門が立つ

LUNCH

大正創業の湯葉屋が手がける

京ゆば三田久 清水店
きょうゆばみたきゅう きよみずてん

MAP P.74-[6]

6種類の湯葉が一度に楽しめる京ゆば食べ比べ御膳2990円

☎075-533-7676 ◎市バス・清水道下車、徒歩2分 ⌂京都市東山区清水4-150-3 ⏰10:30～18:00(ランチ11:30～15:00) 休不定休(Instagramで要確認) Pなし

高台寺
こうだいじ

MAP P.74-[5]

豊臣秀吉の菩提を弔うため北政所(ねね)が創建。東山を借景とした小堀遠州作の池泉回遊式庭園は桜と紅葉の名所。

→ **P.20**

ねねの寺は ライトアップの先駆け

春、夏、秋の特別拝観には趣向を凝らしたライトアップが楽しめる波心庭

京もみじ、社寺に舞う

京都市左京区 MAP P.171 F-2

永観堂（禅林寺）
えいかんどう（ぜんりんじ）

池を囲む赤、背には多宝塔
『古今和歌集』にも詠まれた「もみじの永観堂」

放生池を囲むようにモミジが植え
られている。奥に見える多宝塔は
境内で最も高い場所に位置

季節のたより
紅葉 11月中旬〜下旬
桜 4月上旬〜中旬

京もみじ、社寺に舞う

> 平安時代に創建、京都でも指折りの紅葉の名所は、放生池や多宝塔から望む景観美が人気。約3000本のモミジとイチョウに彩られた秋の境内で、お気に入りの場所を探したい。

正式名称は禅林寺。弘法大師の弟子・真紹が真言密教の道場として、仁寿3年(853)に創建。その後永観律師により、浄土念仏の道場となった。本尊は後ろを振り返った姿の阿弥陀如来立像で、「みかえり阿弥陀」で有名だ。

「もみじの永観堂」としても名を馳せ、放生池に映る木々、阿弥陀堂と真っ赤なモミジのコントラストなど、時間をかけて秋の境内を巡りたい。山の中腹に建つ多宝塔からは、境内はもちろん京都市街までも一望できる。池泉回遊式庭園や枯山水など、複数の庭園にも足を延ばしたい。

紅葉の時期限定のライトアップ。放生池が鏡のように反射し、木々を映し出す

放生池に架かる錦雲橋。橋の先には弁天社がたたずむ

諸堂をつなぐ臥龍廊(がりゅうろう)。山の斜面に沿って造られている

ACCESS
アクセス

京都駅
↓ 地下鉄烏丸線・東西線で17分
(途中、烏丸御池駅で乗り換え)
蹴上駅

蹴上駅から徒歩12分。または京都駅から市バス5系統で35分、南禅寺・永観堂道下車、徒歩5分。

INFORMATION
問い合わせ先
永観堂(禅林寺) ☎075-761-0007

DATA
観光データ

所 京都市左京区永観堂町48 開 9:00～17:00(受付は～16:00)、夜間特別拝観11月上旬～12月上旬、秋の寺宝展11月上旬～12月上旬9:00～17:00(受付は～16:00) 休無 料 600円(寺宝展期間中1000円) P 13台(無料、秋の寺宝展期間中は利用不可)

BEST TIME TO VISIT
訪れたい季節

紅葉の時季だけでなく、青もみじと苔庭が輝く初夏の情景も魅力的。多宝塔と緑に映える桜は、知る人ぞ知るスポット。釈迦堂近くの白梅や、玄関先のサルスベリの時季にゆっくり拝観するのもよい。

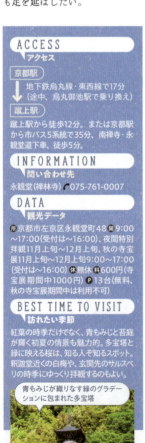
青もみじが織りなす緑のグラデーションに包まれた多宝塔

78

TRAVEL PLAN

静寂で落ち着いた岡崎エリア・南禅寺周辺には、歴史的な施設が点在する。四季を感じられる庭園や、美しい風景を望める寺院を巡り、京の歴史にふれる。

COURSE

8:20	蹴上駅
↓	徒歩3分
8:25	蹴上インクライン
↓	徒歩5分
9:30	無鄰菴
↓	徒歩10分
11:00	南禅寺
↓	徒歩3分
13:30	野村美術館
↓	徒歩3分
15:00	永観堂(禅林寺)
↓	徒歩5分
16:30	南禅寺・永観堂道バス停

蹴上インクライン
けあげインクライン
MAP P.78- 1

昭和23年(1948)に休止となった全長約582mの傾斜鉄道跡地。

→ P.162

趣のある一枚になる 写真映えスポット

赤や黄色のモミジが線路沿いに色づくなかをのんびり歩くのもよい

南禅寺
なんぜんじ
MAP P.78- 3

歌舞伎『楼門五三桐』の石川五右衛門で有名な三門や、赤レンガ造りの水路閣などの建造物が広がる古刹。

→ P.92

文化財にあふれる 豊かな歴史的建築物

三門の2階からは、法堂をはじめ境内が一望できる

野村美術館
のむらびじゅつかん
MAP P.78- 4

茶道具、能面などの美術品を約1900点展示。春と秋でテーマを設けた展示や重要文化財などの美術品を鑑賞できる。

☎075-751-0374 市バス・南禅寺・永観堂道下車、徒歩5分 京都市左京区南禅寺下河原町61 春期(3月上旬～6月上旬)、秋期(9月上旬～12月上旬)10:00～16:30(入館は～16:00) 開館期間中の月曜(祝日の場合は翌日)、展示替え期間 1000円 あり(無料)

茶道の歴史や 重要文化財にふれる

紀州徳川家伝来・上杉瓢箪茶入。足利義政・上杉景勝らが愛蔵していた

無鄰菴
むりんあん
MAP P.78- 2

明治・大正時代の政治家・山縣有朋の別荘。庭園には芝生や川を引くなど、近代日本庭園の傑作とも呼ばれている。

→ P.132

通年公開している 名勝指定の日本庭園

母屋から眺める庭園は、明暗の異なる緑が広がる絶好のビュースポット
©植彌加藤造園

LUNCH

日本庭園と味わう名物ゆどうふ
南禅寺 順正 なんぜんじじゅんせい
MAP P.78- 6

ゆどうふ(花)3630円。ゆどうふほか、田楽や炊き合わせなど全7品

☎075-761-2311 地下鉄・蹴上駅から徒歩5分 京都市左京区南禅寺草川町60 11:00～15:30(LO14:30) 17:00～21:30(LO19:00) 不定休 なし

永観堂(禅林寺)
えいかんどう(ぜんりんじ)

方丈の縁側から眺められる松と池、枯山水が融合する南庭

老舗ホテルの庭園
MAP P.78- 5

明治23年(1890)創業の老舗ホテルにある庭園は、七代目小川治兵衛が作庭した回遊式庭園で、市の文化財(名勝)に登録されている。自然美と滝石組みの調和に注目したい。

ウェスティン都ホテル京都 葵殿庭園
ウェスティンみやこホテルきょうと あおいでんていえん

☎075-771-7111 地下鉄・蹴上駅から徒歩3分 京都市東山区粟田口華頂町1 要問合せ(基本的にホテル利用者のみ) 無料 あり(有料)

雲井の滝と呼ばれる三段の滝は、豊かな自然を表現する庭園のシンボル

京もみじ、社寺に舞う

京都市南区 MAP P.171 D-4

東寺（教王護国寺）
とうじ（きょうおうごこくじ）

瓢箪池に映えて赤く燃える木々と
しみじみと古都を語る五重塔

季節のたより
- 紅葉 11月中旬〜12月上旬
- 桜 3月下旬〜4月上旬
- 蓮 7月上旬〜下旬
- 梅 2月下旬〜3月上旬

京もみじ、社寺に舞う

境内には約250本ものカエデが植えられている。紅葉のライトアップ時は、五重塔と色とりどりのカエデが瓢箪池に映り込む姿も見逃せない

東寺の象徴・高さ55mの五重塔は、新幹線の南窓からも望める京都のランドマーク。赤や黄色のカエデが威厳ある伽藍や瓢箪池を彩り、秋の東寺はいっそう華やかに。

平安京遷都の際、国家鎮護のための官寺(国立寺院)として延暦15年(796)に創建。空海が嵯峨天皇より託され、日本初の密教寺院に。躍動感のある21体の立体曼荼羅が並ぶ講堂、桃山建築の金堂、日本一高い木造建築の五重塔など貴重な建築物が多く、宝物館には膨大な密教美術を収蔵する。正式名は教王護国寺。

境内南東端に建つ五重塔のすぐ北側には庭園が広がり、瓢箪池周辺を中心に四季の美景を満喫したい。春〜夏に咲く花、秋の紅葉を五重塔や金堂と一緒に眺められる。運が良ければ、池の水面に建物や木々がきれいに映る。

ACCESS
アクセス

京都駅
↓ 近鉄京都線で1分
東寺駅

東寺駅から徒歩10分。または京都駅八条口から徒歩15分。バスの場合は、京都駅から市バス19・78系統などで19分、東寺南門前下車、徒歩3分。

INFORMATION
問い合わせ先

東寺(教王護国寺) ☎075-691-3325

DATA
観光データ

㉾京都市南区九条町1
㉹金堂・講堂8:00〜17:00(受付は〜16:30)、宝物館特別公開3月20日〜5月25日、9月20日〜11月25日9:00〜17:00(受付は〜16:30) ㉺無休
㉻境内無料、金堂・講堂800円、宝物館600円 ㉼50台(2時間600円)

BEST TIME TO VISIT
訪れたい季節

春に咲くしだれ梅などは、有料拝観区域内で。4月になれば、樹齢約130年の不二桜(ふじざくら)と呼ばれるしだれ桜が見頃になり、背景の五重塔とともに楽しめる。夜にはライトアップも行われる。蓮や黄菖蒲が咲く時季に瓢箪池周辺を歩くのもおすすめ。

正門となる南大門。大きな屋根と細部にいたるまでの精緻な彫刻が特徴

7月に見頃を迎える蓮。ピンクの花が咲き、宝蔵を囲む堀を埋め尽くす

毎月21日に開かれる弘法市。骨董品や古着、食料品などが販売される

TRAVEL PLAN 📷

アクセスしやすい京都駅周辺で、古都の魅力を楽しめる寺社巡り。東寺をはじめ世界遺産の寺院を拝観したら、現代に造られたランドマークへ。

COURSE

- 9:15 京都駅
  - ↓ 電車1分＋徒歩10分
- 9:30 東寺(教王護国寺)
  - ↓ 徒歩10分
- 11:00 六孫王神社
  - ↓ 徒歩15分
- 13:30 西本願寺
  - ↓ 徒歩15分
- 14:30 東本願寺
  - ↓ 徒歩10分
- 15:30 ニデック京都タワー
  - ↓ 徒歩2分
- 17:00 京都駅

東寺(教王護国寺)
とうじ(きょうおうごこくじ)

東寺の本堂にあたる金堂。人々を病から守る薬師如来と日光・月光菩薩を祀る

六孫王神社
ろくそんのうじんじゃ

MAP P.82- 1

平安時代中期に創建、清和源氏の発祥地といわれる神社。境内からは東海道新幹線が見える。

京都駅から歩いて行ける桜の名所 P.33

春は河津桜や里桜、八重桜などが咲き、長い期間、桜見物ができる

📞075-371-5181 🚃京都駅から市バス9系統で6分、西本願寺前下車、徒歩6分／京都駅中央口から徒歩15分 📍京都市下京区堀川通花屋町下ル ⏰5:30～17:00 無休 無料 あり(参拝者用)

LUNCH

朝採れの新鮮な京都野菜を味わう
都野菜 賀茂 京都駅前店
みやこやさい かも きょうとえきまえてん

MAP P.82- 5

お手ごろ価格で京都野菜を楽しめるランチビュッフェ1320円～

📞075-361-2732 🚃京都駅中央口から徒歩20分 📍京都市下京区大宮通木津屋橋上ル上之町439-12F ⏰11:00～15:30(LO15:00) 17:00～22:00(LO21:30) 無休 📍提携駐車場利用

西本願寺
にしほんがんじ

MAP P.82- 2

文永9年(1272)に親鸞の廟堂を東山に建立したことを起源とし、16世紀末に現在地に再建。慶長7年(1602)に本願寺が東西に分立したため、西本願寺と呼ばれる。絢爛豪華な唐門を筆頭に国宝建築や重要文化財の宝庫としても知られる。

広い境内に荘厳な貴重建築が建つ

写真提供：本願寺

樹齢約400年もの巨大なイチョウは、逆さ銀杏とも呼ばれる

東本願寺
ひがしほんがんじ

MAP P.82- 3

江戸時代初期、徳川家康が土地を寄進し、本願寺(西本願寺)と分かれて教如が創建。親鸞木像を安置する御影堂は、奈良の大仏殿とともに木造建築として世界最大級の規模を誇る。

📞075-371-9181 🚃京都駅中央口から徒歩7分 📍京都市下京区烏丸通七条上ル ⏰5:50～17:30、11～2月6:20～16:30 無休 無料 なし

近代和風建築の壮大な迫力

近代和風建築を代表する御影堂。内部には927畳の畳が敷かれている

ニデック京都タワー
ニデックきょうとタワー

MAP P.82- 4

京都駅北側の目の前にそびえる。タワー下のビルは、飲食店やおみやげ店、ホテルが入る商業施設になっている。

📞非公開 🚃京都駅中央口から徒歩2分 📍京都市下京区烏丸通七条下ル東塩小路町721-1 ⏰展望室10:00～21:00(入場は～20:30) 無休 900円 なし

京都市街を一望する京都のランドマーク

展望室では東に比叡山、北に大文字山と京都全体が見渡せる

京もみじ、社寺に舞う

京都市左京区 MAP P.167 D-2

瑠璃光院
るりこういん

比叡山麓の「リフレクション絶景」
窓一面に色とりどりの秋たけなわ

季節のたより
紅葉 11月中旬

京もみじ、社寺に舞う

書院2階の窓から見える、赤や黄金色に染まった一面のモミジ。磨き上げられた机上に映り込む様子は、今や京都の秋を代表する景観に

> 貴族の静養地として栄えた八瀬(やせ)エリアに建ち、拝観期間は限られる。
> 苔とモミジが織りなす瑠璃(るり)の庭では、書院内から紅葉のリフレクションが見られる。

比叡山麓に位置する寺院。八瀬の地にあった貴族の別荘がもとといわれ、自然との調和を反映した造りが印象的。

拝観期間時には行列ができるほどの人気ぶりで、その最たる理由が「紅葉・新緑のリフレクション」。書院の2階、窓一面に見える「瑠璃の庭」の紅葉や新緑が、磨かれた写経机の天板に反射して映る。寺院の知名度を一気に高めた、フォトジェニックな景観だ。

新緑の時季には、見渡す限りの生き生きとした青もみじが広がる

ACCESS
アクセス

京都駅
↓ 市バス4・7系統で27分
出町柳駅
↓ 叡山電鉄叡山本線で14分
八瀬比叡山口駅

八瀬比叡山口駅から徒歩12分。京都駅から京都バス17系統で46分、八瀬駅前下車、徒歩8分。

INFORMATION
問い合わせ先

瑠璃光院 ☎075-781-4001

DATA
観光データ

⌂ 京都市左京区上高野東山55
⏰ 10:00〜17:00(受付は〜16:30)
休 参拝は特別拝観期間のみ(公式HPで要確認) ¥ 2000円 P なし

BEST TIME TO VISIT
訪れたい季節

夏の特別公開期間には、境内全体が明暗の異なる緑に包まれ木々の葉が風に揺れて涼しげな音を響かせる。庭の豊かな緑と木々の間に差し込む日差しが静かで落ち着いた空間をつくり出し、紅葉に負けず劣らずの絶景だ。

室内の照明が落とされ、よりいっそう輝く紅葉のライトアップも開催

書院1階から眺める「瑠璃の庭」。みずみずしい苔の絨毯の魅力が伝わる

TRAVEL PLAN

八瀬の美しい庭園や鮮やかな紅葉、比叡山の歴史にふれる絶景を巡る。比叡山頂は京都市街地より気温が4〜5℃低いので、服装の調節も考えて。

COURSE

9:55	八瀬比叡山口駅	徒歩12分
10:10	瑠璃光院	徒歩7分
11:30	八瀬 もみじの小径	徒歩1分
12:00	叡山ケーブル・ロープウェイ	ケーブル+ロープウェイ15分
12:30	ガーデンミュージアム比叡	バス10分
14:00	比叡山延暦寺	バス(冬期運休)1時間10分
17:30	京都駅	

瑠璃光院
るりこういん

「臥龍の庭」は、龍の頭に見立てた大きな岩組みが特徴

八瀬 もみじの小径
やせ もみじのこみち

MAP P.86- 1

叡山ケーブルのケーブル八瀬駅すぐの紅葉の名所として知られる散策道。広大な敷地内が赤や黄金色に染まり、自然のアーチをくぐっているような気分に。

📞075-781-4338(京福電気鉄道)
🚃叡山電鉄・八瀬比叡山口駅から徒歩5分 📍京都市左京区上高野東山
⏰散策自由 🅿なし

叡山ケーブル・ロープウェイ
えいざんケーブル・ロープウェイ

MAP P.86- 2

八瀬から比叡山山頂までをつなぎ、車窓から絶景を楽しめるスポットとして有名。山の稜線や深い森、渓流など四季折々の景色が堪能できる。

📞075-781-4338(京福電気鉄道) 🚃叡山電鉄・八瀬比叡山口駅からケーブル八瀬駅まで徒歩5分 📍八瀬比叡山口駅:京都市左京区上高野東山 ⏰9:00〜18:00(紅葉の時期はナイター運行あり、HPで要確認) 🚫1月初旬〜3月中旬に冬期運休あり
💴ケーブルカー往復1100円、ロープウェイ往復700円 ※いずれも2025年3月20日時点 🅿なし

歴史の足音が響く 平安の始まりの地

平安遷都紀年塔が飾られる文化的ルーツにふれる貴重なスポット

京もみじ、社寺に舞う

見渡す限り美しい 自然と都市の調和

標高約400mに位置する山頂駅からの景色

ガーデンミュージアム比叡
ガーデンミュージアムひえい

MAP P.86- 3

比叡山山頂にある庭園美術館。モネやルノワールなど印象派の画家たちが描いた風景や花々の色彩をモチーフに建てられた。

📞075-707-7733 🚃叡山ロープウェイ・比叡山頂駅からすぐ 📍京都市左京区修学院尺羅ヶ谷四明ヶ嶽4(比叡山頂) ⏰10:00〜17:30(11月〜12月7日は〜17:00)入園は各30分前まで 🚫水曜、12月上旬〜4月中旬 💴1200円 🅿あり(無料)

異国情緒あふれる 絵画と楽しむ花の庭

「睡蓮の庭」はモネが思い描いた日本風の庭園を再現している

LUNCH

琵琶湖を一望する天空のカフェ
Cafè de Paris
カフェ ド パリ

MAP P.86- 5

琵琶湖や京都の街並みを一望できるテラス席を利用したい

🚃📍🚫ガーデンミュージアム比叡と同じ ⏰10:00〜16:30(LOフード15:00 喫茶16:00)

延暦寺
えんりゃくじ

広大な比叡山全域が境内 重要な建築が立ち並ぶ

MAP P.86- 4

奈良時代末期、最澄が草庵を結んだのが起源とされる。天台宗開祖後は数多くの僧が山で修行、全盛期の平安時代には3000坊を有したという。発祥の地である東塔、釈迦堂を中心とする西塔、円仁が開いた横川の3地区に分けられている。

阿弥陀堂と法華総持院東塔。この地区には寺の総本堂である根本中堂も建つ

📞077-578-0521 🚃比叡山頂から比叡山内シャトルバスで8分、延暦寺バスセンター下車すぐ 📍滋賀県大津市坂本本町4220 ⏰9:00〜16:00(西塔・横川地区は12〜2月9:30〜) 🚫無休 💴1000円、国宝殿500円 🅿あり(有料)

京都市左京区 MAP P.166 C-1
貴船神社
きふねじんじゃ

四季が彩る本殿に続く道
神秘的な赤い灯籠と石段

季節のたより
紅葉 11月中旬〜下旬
桜 4月中旬〜下旬

京もみじ 社寺に舞う

二の鳥居から約80段の石段が続き、両側には赤い灯籠が立ち並ぶ。頭上を覆うモミジは幻想的な光景を生む

> 参道に立ち並ぶ赤い春日灯籠が、四季の風景の美しさをいっそう引き立てる。
> 恋の歌に秀でた女流歌人・和泉式部は、この水の神を祀る社で、夫との復縁を祈願した。

鴨川の水源である貴船川沿いに建ち、主祭神として水を司るといわれる高龗神を祀る。「恋の宮」とも呼ばれ、本宮と奥宮の中間にある結社は、縁結びのご利益があるスポットとしても人気だ。

貴船川沿いに立つ二の鳥居が境内への入口。境内へと続く石段と春日灯籠が織りなす景観は、緑に映える赤の灯籠や鳥居のコントラストが美しい。紅葉の時季になると灯籠や本宮がライトアップされ、昼間とは異なる幻想的な空間に。雪が積もれば、純白の雪景色のなかに赤い灯籠が映える。オールシーズン異なる景色が楽しめるのも魅力のひとつ。

和泉式部も歩いたという、本宮、結社、奥宮を結ぶ参道は恋の道として知られている

奥宮の本殿の真下には、龍穴があり、日本三大龍穴のひとつに数えられている

おみくじを御神水に浮かべると文字が浮かび上がる水占(みずうら)みくじ

ACCESS
アクセス

京都駅
↓ 市バス4・7系統で27分

出町柳駅
↓ 叡山電鉄叡山本線・鞍馬線で27分

貴船口駅
貴船口駅から京都バス33系統で4分、貴船下車、徒歩5分。

INFORMATION
問い合わせ先
貴船神社・075-741-2016

DATA
観光データ

所 京都市左京区鞍馬貴船町180
開 授与所9:00~17:00(ライトアップ期間中など、時期により延長あり) 休 無休
料 無料 P 20台(2時間800円)

BEST TIME TO VISIT
訪れたい季節

7月には本宮の境内に笹飾りが飾られ、色とりどりの短冊は夜にはライトアップも。毎年6月に行われる例祭・貴船祭では、神輿が貴船川を渡る風景など古き良き伝統を間近で感じられる。

1月中旬~2月下旬には積雪日限定のライトアップを開催している

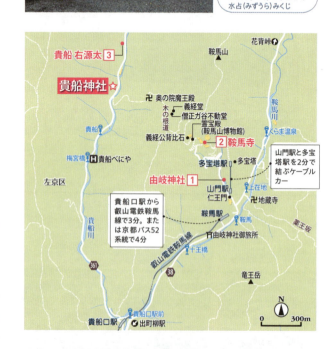

90

TRAVEL PLAN

貴船神社や涼やかに流れる貴船川、霊山として知られている鞍馬山。
自然の癒やしのなかに歴史が根付く京都の奥座敷を訪れる。

COURSE

10:00	貴船口駅
↓	バス4分＋徒歩5分
10:10	貴船神社
↓	バス4分＋電車3分＋徒歩10分
13:00	由岐神社
↓	徒歩20分
14:30	鞍馬寺
↓	徒歩10分＋ケーブルカー2分＋徒歩3分
16:00	鞍馬駅

貴船神社
きふねじんじゃ

春には新緑に映える社殿や、参道に咲く山桜が見られる

LUNCH
自然と旬が織りなす鍋料理

貴船 右源太
きふねうげんた
MAP P.90-3

氣生根（きふね）鍋2万5000円は秋・冬提供。イノシシ肉などをスッポンのスープでしゃぶしゃぶに

☎075-741-2146 ❻京都バス・貴船下車、徒歩18分 ❼京都市左京区鞍馬貴船町76 ⏰11:30〜20:00（LO19:00）❽無休 ❾あり（無料、要予約）

由岐神社
ゆきじんじゃ
MAP P.90-1

鞍馬山の参道沿いに建つ

豊臣秀吉により信仰、秀頼により再建された。毎年10月22日には日本三大火祭、京都三大奇祭のひとつ「鞍馬の火祭」が行われる。

☎075-741-1670 ❻叡山電鉄・鞍馬駅から徒歩10分 ❼京都市左京区鞍馬本町1073 ⏰境内自由 ❾なし

縁結びや厄除けのご利益があり、拝殿は重要文化財に指定されている

貴船の夏といえば川床

京都の夏の風物詩。川岸で楽しむ鴨川の「川床」に対し、川の真上に設けられた桟敷で楽しむのが貴船の「川床」。足が川につけられるほど近く、涼しさがダイレクトに感じられる。各料理旅館などで営業している。
⏰5月上旬〜9月末（店舗、年により異なる）

貴船 右源太の川床は、例年5月1日〜9月30日で営業（2人以上、要事前予約）。メニューは名物・鮎の塩焼きをはじめとした懐石料理9900〜1万9900円（写真はイメージ）

鞍馬寺
くらまでら
MAP P.90-2

鞍馬山まるごとが境内
鞍馬天狗伝説でも名高い

宝亀元年（770）開創と伝わる。7歳の頃に入山した牛若丸（源 義経）が、天狗に兵法を授けられたという伝説が残る。僧兵の出兵を促す文書なども多数残され、武田信玄、豊臣秀吉、徳川家康などの武将が戦勝祈願を行った。

☎075-741-2003 ❻叡山電鉄・鞍馬駅から仁王門まで徒歩3分 ❼京都市左京区鞍馬本町1074 ⏰9:00〜16:15 ❽無休（霊宝殿は火曜、12月12日〜2月）❿愛山費500円、霊宝殿200円 ❾なし

鞍馬山参道の一番奥にあり、護法魔王尊を祀る奥の院魔王殿（まおうでん）

寿永年間の建立といわれ、当時の扉が今も残る仁王門

鞍馬寺本殿から奥の院魔王殿までの山道。木の根が岩盤に阻まれて露出したままの道が続く

京もみじ、社寺に舞う

京都市左京区 MAP P.171 F-2

南禅寺
なんぜんじ

参道を豪華な錦繡が包む
高さ22mの三門と秋色の庭

「天下竜門」とも呼ばれる壮大な三門までの参道と、両側を飾るモミジ。歌舞伎『楼門五三桐』の石川五右衛門が「絶景かな、絶景かな」と見得を切る門としても有名

季節のたより
紅葉 11月中旬〜12月上旬
桜 3月下旬〜4月上旬

> 高さ22mにも及ぶ三門が出迎える、禅寺のなかでも格式高い寺。約200本のカエデが広大な境内を飾り、建造美を際立たせる。

正応4年(1291)、亀山法皇の離宮を禅寺に改めたのが始まり。室町時代には足利義満が定めた格式高い寺「京都五山」において別格として「五山之上」に列せられた。

アーチ型の橋脚がエキゾチックな水路閣、枯山水庭園など、フォトジェニックなスポットが点在するなか、三門は日本三大門のひとつに数えられ、五鳳楼と呼ばれる上層の楼が特に美しいとされる。秋に楼上へ上れば京都の街並みと色鮮やかな紅葉が彩る境内を見渡せる。三門を抜け、法堂周辺の庭園や石畳を歩きながら、紅葉狩りを楽しみたい。

アーチ型のレンガと緑が美しい水路閣は写真スポットとしても人気

ACCESS
アクセス

京都駅
↓ 地下鉄烏丸線・東西線で17分
(途中、烏丸御池駅で乗り換え)
蹴上駅

蹴上駅から徒歩10分。または京都駅から市バス5系統で35分、南禅寺・永観堂下車、徒歩12分。

INFORMATION
問い合わせ先
南禅寺 ☎075-771-0365

DATA
観光データ

所 京都市左京区南禅寺福地町
開 境内自由、拝観料8:40〜17:00(12〜2月は〜16:40) 受付は各20分前まで 休 無休 料 境内無料、方丈600円、三門600円 P 12台(2時間1000円〜)

BEST TIME TO VISIT
訪れたい季節

桜と三門や水路閣などの歴史的建築物とのコラボレーションもまた美しい。三門から見下ろす桜の海も見ておきたい。晩春には、水路閣近くのシャクナゲが見頃を迎える。塔頭も含め、名庭で見られる花を調べて訪れるのもよい。

小堀遠州作と伝えられる方丈庭園。「虎の子渡しの庭」とも呼ばれる

周辺のスポット

南禅寺 金地院
なんぜんじ こんちいん
MAP P.93

南禅寺の塔頭で、小堀遠州が作庭した蓬莱枯山水庭園や、徳川家康が祀られている漆黒の東照宮などが見どころ。

☎075-771-3511 交 地下鉄・蹴上駅から徒歩5分 所 京都市左京区南禅寺福地町86-12 開8:30〜17:00(12〜2月は〜16:30) 休無休 料500円 P なし

植栽の背後右奥にある東照宮を遥拝する庭でもある
江戸時代に作庭 長寿を願う鶴亀の庭

京もみじ、社寺に舞う

京都市西京区 MAP P.170 A-2

大悲閣千光寺
だいひかくせんこうじ

山腹の寺院から一望
色づく嵐山と桂川の流れ

季節のたより
紅葉 11月中旬～12月上旬
桜 3月下旬～4月上旬
※年により異なる

ACCESS
アクセス

京都駅
↓ 市バス28系統で44分
嵐山公園バス停

嵐山公園バス停から徒歩30分。嵐山公園バス停までは、ほかにJR嵯峨嵐山駅(京都駅から18分)から徒歩15分、嵐電嵐山本線・嵐山駅からは徒歩6分。

INFORMATION
問い合わせ先

大悲閣千光寺 ☎075-861-2913

DATA
観光データ

所 京都市西京区嵐山中尾下町62
開 9:00～17:00(季節により異なる)
休 荒天時 料 400円 P なし

BEST TIME TO VISIT
訪れたい季節

嵐山に桜が咲く頃、渡月橋を散策したあとに訪れてみては。川の上流へ進むと、新緑の中にふんわりとしたピンクの景色が現れてくる。通年で運航している川下りもあるので、下から見上げてみるのも一興だ。

渡月橋周辺から山道を登った先に広がる嵐山公園(亀山地区)から、大悲閣千光寺を望む

嵐山の険しい山道を進んだ先には、
松尾芭蕉も心を打たれた嵐山のパノラマが待っている。

渡月橋(P.142)が架かる大堰川を開削した角倉了以が、その工事で亡くなった人を弔うため、慶長19年(1614)に建立させた。

嵐山の喧騒から離れた山中に位置し、対岸の嵐山公園や大河内山荘の展望台から見ると、緑の山の中にポツンとたたずむ様子がよくわかる。大堰川沿いから、200段ほどの階段が待ち構える山道を登った先にお堂があり、客殿(観音堂)からは、嵐山や大堰川、遠くは東山に京都市の中心部、比叡山まで望める。ここからの風景を見た松尾芭蕉は「花の山 二丁のぼれば 大悲閣」と詠んだ。

京もみじ、社寺に舞う

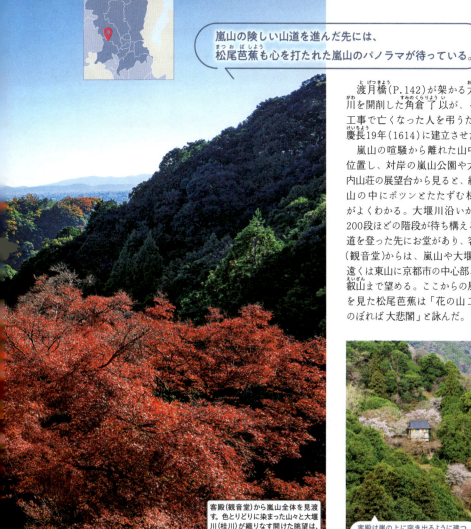

客殿(観音堂)から嵐山全体を見渡す。色とりどりに染まった山々と大堰川(桂川)が織りなす開けた眺望は、山道を歩いた疲れを癒やしてくれる

客殿は崖の上に突き出るように建つ。桜や寺院の五色幕が山中に映える

周辺のスポット

法輪寺
ほうりんじ
嵐山のシンボルを見下ろす舞台へ

MAP P.95

嵐山の中腹に建ち、眺望の良さで知られる。本尊の虚空蔵菩薩は智恵と福徳を司り、「十三まいり」では、数え年13歳の男女児が智恵を授かるために参詣を行う。

📞075-862-0013 🚌市バス・嵐山公園下車、徒歩5分 📍京都市西京区嵐山虚空蔵山町 料境内自由(寺務所9:00~17:00) Ｐあり(有料)

渡月橋や嵯峨野などを一望できる見晴台

京都市右京区 MAP P.170 A-1

神護寺
じんごじ

約300段の石段の参道から振り返れば
伽藍を覆う赤の舞台

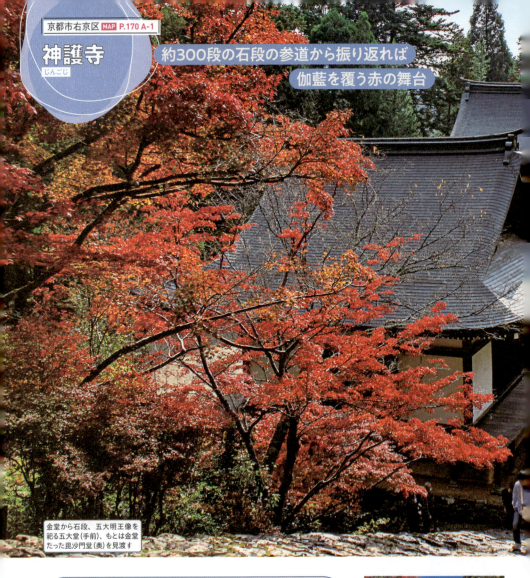

金堂から石段、五大明王像を祀る五大堂（手前）、もとは金堂だった毘沙門堂（奥）を見渡す

最澄や空海らが活躍し、平安仏教発祥の地となった寺院。仁和寺(P.18)周辺から山道を上った地域の山腹に位置。

和気清麻呂が建てた愛宕五坊のひとつ。唐から帰朝した空海はここで14年間住持し、真言密教の基礎を築いた。神護寺がある高雄(尾)と、槇尾・栂尾の2地域はまとめて、三尾と呼ばれ、秋は地域一帯が紅葉の名所になる。

清滝川に架かる高雄橋を渡り、山道の参道を上って伽藍へ。境内のいたるところにイロハモミジが植えられているが、金堂と五大堂の間にある石段が人気のポイント。また、「かわらけ投げ」発祥の寺といわれる神護寺。素焼きの小皿を秋の錦雲渓に向けて投げて、疫病退散や厄除けを祈ろう。

薬師三尊を祀る金堂へと続く長い石段。周りにはトンネルのように紅葉が茂る

ACCESS
アクセス

京都駅
↓ 西日本JRバス高雄・京北線で54分

高雄バス停
高雄バス停から徒歩20分。または地下鉄烏丸線・四条駅すぐの市バス・四条烏丸バス停から8系統で高雄まで50分。

INFORMATION
問い合わせ先

神護寺 ☎075-861-1769

DATA
観光データ

所 京都市右京区梅ケ畑高雄町5
開 9:00~16:00、宝物虫払い行事5月1~5日9:00~16:00(神護寺書院)、多宝塔特別拝観「五大虚空蔵菩薩像」5月13~15日、10月第2月曜(祝日)を含む3連休10:00~15:00、大師堂特別拝観「板彫弘法大師像」11月1~7日9:00~16:00 休 無休 料 1000円(宝物虫払い行事時は1000円、大師堂特別拝観は別途500円) P なし

BEST TIME TO VISIT
訪れたい季節

紅葉のほかにも、深い緑に包まれる夏もおすすめ。丹塗りの高雄橋や参道の石段は緑一色に包まれ、避暑地としても訪れたい静かな空間。神護寺の金堂付近は青もみじに囲まれ、石段との風景も涼しげに感じられる。

高雄の川床の時季を狙ってプランをたてるのもよい

季節のたより

紅葉 11月上旬~下旬
桜 3月下旬~4月中旬
シャクナゲ 4月中旬~下旬

京もみじ、社寺に舞う

清滝川に架かる高雄橋を渡って境内へ。奥にはホテルが建つ

97

京都市山科区 MAP P.169 D-1

毘沙門堂
びしゃもんどう

勅使門へ導かれる参道は盛秋の時
眩しく色づく絨毯とトンネル

勅使門までの道のりが、頭上まで鮮やかなモミジで覆われている。散ったモミジは石段の上を埋め尽くし、見事な敷き紅葉が見られる

> 京都市中心部の喧騒から少し離れた地にたたずむ紅葉の名所。
> 仏教の守護神の四天王の一人・毘沙門天で信仰を集める。

平安時代に御所の北側で開山、寛文5年(1665)に山科へ移った。山科は滋賀県との境に近い、京都の東の玄関口だ。門跡寺院の格をもち、地元では「毘沙門さん」で親しまれている。

参拝者で最も賑わうのが紅葉の時季。境内には約150本ものイロハモミジ、ヤマモミジなどが植えられている。勅使門へ続く参道では、枝葉がトンネルのように伸び、散った葉が道を覆うなど、一体が紅葉に包まれる。また、豊臣秀吉の母・大政所ゆかりの高台弁才天では、建物の赤と紅葉の赤が周囲によく映えている。

宸殿の前に咲く樹齢150年以上のしだれ桜。花の枝幅は直径約30mにもなる

ACCESS
アクセス

京都駅
↓ JR東海道本線(琵琶湖線)で5分
山科駅

山科駅から徒歩20分。地下鉄東西線の駅もあり、烏丸御池駅から13分。ほか京阪京津線とも接続する。

INFORMATION
問い合わせ先

毘沙門堂 ☎075-581-0328

DATA
観光データ

所 京都市山科区安朱稲荷山町18
開 9:00～17:00(12～2月は～16:30)
受付は各30分前まで 休 無休 料 700円
P あり(桜と紅葉の時期は利用不可、周辺駐車場利用)

BEST TIME TO VISIT
訪れたい季節

春には約80本の多様な桜が咲き、なかでもしだれ桜は必見。夏には青もみじがあたり一面に広がり、回遊式庭園・晩翠園(ばんすいえん)ではスイレンが見られる。ほかにもアジサイや朝顔など季節の花々が咲くスポットが多くある。

季節のたより

紅葉 11月中旬～12月上旬
桜 3月下旬～4月上旬
ツツジ 4月中旬～下旬
藤 4月中旬～5月上旬
サツキ 5月中旬～下旬

日光東照宮の建築様式が見られる本殿のそばには藤棚も

疏水沿いは全長約4km続く並木道。秋には紅葉のトンネルと化す

山科疏水
やましなそすい

琵琶湖を結ぶ水路沿いは自然豊かな散策コース

MAP P.99

琵琶湖疏水の一部として明治時代に建設され、近代化に重要な役割を果たした。疏水沿いは桜や紅葉など、四季折々に楽しめる散策スポット。

☎075-672-7709(京都市上下水道局) 各線・山科駅から徒歩10分 京都市山科区御陵 散策自由 Pなし(周辺駐車場利用)

京もみじ、社寺に舞う

京都市上京区 MAP P.171 E-2
梨木神社
なしのきじんじゃ

黄色と赤の鮮やかなコントラスト
秋の「萩の宮」に心躍る参詣

季節のたより
紅葉 11月下旬〜12月上旬
萩 9月下旬〜10月上旬

公卿（くぎょう）最高位の名家である三條（さんじょう）親子を祀るための神社。秋にはモミジに加え萩も、参道や拝殿付近に華やぎを添える。

京都御所（P.131）の東に位置し、明治18年（1885）に創建。明治維新の功労者を顕彰する目的で建てられ、公卿の三條実万と実美を祀る。京都三名水のひとつに数えられる染井（そめい）の井戸や、京都大学卒業、ノーベル賞受賞の物理学者・湯川秀樹（ゆかわひでき）の歌碑も見どころ。

京都随一の萩の名所で、「萩の宮」とも呼ばれるほど。約500株以上が植えられ、花は9月に見頃を迎えるが、黄色く色づく紅葉の時季にも訪れたい。両脇からせり出すように赤色のモミジや黄色の萩が伸びる、まっすぐの参道でカラフルな紅葉に出会える。

御神木の桂の木。葉がハート形であることから「愛の木」と呼ばれる

ACCESS
アクセス

京都駅
↓ 市バス4・7・205系統で24分
府立医大病院前バス停

府立医大病院前バス停から徒歩5分。ほか京都駅から地下鉄烏丸線で10分、今出川駅下車、烏丸今出川バス停から市バス59系統で5分、府立医大病院前下車。

INFORMATION
問い合わせ先

梨木神社 ☎ 075-211-0885

DATA
観光データ

所 京都市上京区染殿町680
開 6:00（授与所は9:00）～17:00
休 無休 料 なし P なし

BEST TIME TO VISIT
訪れたい季節

9月には小さくて可憐な萩の花が咲き、参道は控えめで気品あふれる雰囲気に。満開になる頃には、萩の俳句や短歌が書かれた短冊が結ばれ、9月第3・4日曜の前後には「萩まつり」が執り行われ、舞踊やお茶会が開かれる。

拝殿前に咲く濃いピンクの萩の花。一帯に上品な雰囲気が漂う

京もみじ、社寺に舞う

周辺のスポット

古典文学最高峰の作品が誕生した邸宅跡

廬山寺
ろざんじ
MAP P.101

白砂と苔で構成される源氏庭。6月末頃からキキョウの花が咲く

藤原兼輔（ふじわらのかねすけ）の邸宅跡として知られる。平安中期には、紫式部（むらさきしきぶ）がこの地で賢子を育て、『源氏物語』を執筆したという。

☎ 075-231-0355 交 市バス・府立医大病院前下車、徒歩5分 所 京都市上京区寺町通広小路上ル北之辺町397 開 9:00～16:00 休 無休（源氏庭は12月31日、1月1日、2月1～10日）料 500円 P なし

湯川秀樹の歌碑がある二の鳥居から続くまっすぐな参道。向こうには、神門、拝殿が見える。モミジの赤、萩の黄色、草木の緑で、色彩豊かな秋の風景

京都市西京区 MAP P.170 B-3

地蔵院（竹寺）
じぞういん（たけてら）

散策の足を埋める「敷き紅葉」
秋に染まるカエデ越しに竹林の緑

> 嵐山の喧騒からひと足延ばして、静寂な境内を歩く。
> 秋は竹林・苔の緑と紅葉のコラボレーションが魅力。

貞治6年(1367)、作庭家でもあった夢窓疎石を開山として創建。もともとは歌人・藤原家良が山荘としていた場所だ。伝教大師(最澄)の作とされる延命安産の地蔵菩薩を本尊としている。一面が苔で覆われた平庭式枯山水庭園「十六羅漢の庭」でも知られる。

別名「竹寺」とも呼ばれ、広大な竹林の中を参道が通り、頭上より竹とモミジ、足元は苔の絨毯が広がり、初夏の新緑、秋の紅葉が楽しめる。秋なら総門付近の参道からは奥に竹林を望み、頭上を覆う紅葉と、一帯を埋め尽くす散り紅葉に出会える。

宗鏡禅師が作庭した「十六羅漢の庭」。杉苔に十六羅漢を表した自然石が並ぶ

ハートに似た形の猪目窓。文字どおり猪の目の形に似ていることに由来。外の庭園を切り取ったように見える

季節のたより
- 紅葉 11月下旬〜12月上旬
- 椿 3月中旬〜4月上旬

ACCESS アクセス
京都駅
↓ 京都バス73系統で57分
苔寺・すず虫寺バス停

苔寺・すず虫寺バス停から徒歩7分。または京都駅から市バス23系統で34分／京阪京都交通バス21号で26分、上桂前田町下車、徒歩13分。ほか嵐山駅から阪急嵐山線で5分、上桂駅下車、徒歩12分。

INFORMATION 問い合わせ先
地蔵院(竹寺) 075-381-3417

DATA 観光データ
所 京都市西京区山田北ノ町23
開 9:00〜16:30(受付は〜16:00)
休 月・木曜(三が日、祝日、4月20日〜6月30日、10月1日〜12月10日は無休)、8月1・14・15日 料 500円
P 5台(1時間無料)

BEST TIME TO VISIT 訪れたい季節
初夏には青もみじやカエデの新緑と、地面を覆い尽くす苔に太陽光が差し込んで輝く。参道の竹林も青々としている。十六羅漢の庭では、ピンクと白の混じった花をつける胡蝶侘助(こちょうわびすけ)など5種類の椿にも注目したい。

青々とした竹と、参道脇に垣間見える苔、真紅や橙色に染まるモミジの葉が見事なコントラストを生み出す

京もみじ、社寺に舞う

周辺のスポット

鈴虫寺（華厳寺）
すずむしでら（けごんじ）
MAP P.103

享保8年(1723)、鳳潭上人によって松尾山麓に開基された禅寺。本尊の大日如来のほか、地蔵菩薩も祀られ、地蔵信仰や良縁祈願などでも親しまれている。四季を通して鈴虫の声を聞くことができる。

仏の教えを表すような鈴虫の鳴き声

山門脇に立つ幸福地蔵。日本で唯一わらじを履いているという

075-381-3830 京都バス・苔寺・すず虫寺下車、徒歩3分 京都市西京区松室地家町31 9:00〜17:00(受付は〜16:30) 休 無休 料 500円(菓子付) P あり(有料)

京都市北区 MAP P.170 C-1

源光庵
げんこうあん

丸と四角の2つの窓に鎮まる禅の教え
見る角度よって表情はさまざま

季節のたより
紅葉 11月中旬～12月上旬

初夏の悟りの窓。新緑の世界が広がり、緑のグラデーションが見事

ACCESS
アクセス

京都駅
↓ 地下鉄烏丸線で13分
北大路駅／北大路バスターミナル
↓ 市バス北1系統で16分
鷹峯源光庵前バス停

鷹峯源光庵前バス停から徒歩3分。または京都駅から市バス6系統で鷹峯源光庵前バス停まで42分。

INFORMATION
問い合わせ先
源光庵 ☎075-492-1858

DATA
観光データ

所 京都市北区鷹峯北鷹峯町47
開 9:00～17:00(受付は～16:30)
休 無休(法要時は拝観不可の場合あり)
料 400円(11月は500円)
P 15台(無料)

BEST TIME TO VISIT
訪れたい季節

冬の窓から望む庭園も魅力的。積雪の日には、枝や低木に降り積もる純白の世界が広がる。源光庵のある鷹峯では、光悦寺や常照寺も紅葉の名所として知られる。エリア内は徒歩でまわることができるので、併せて訪れたい。

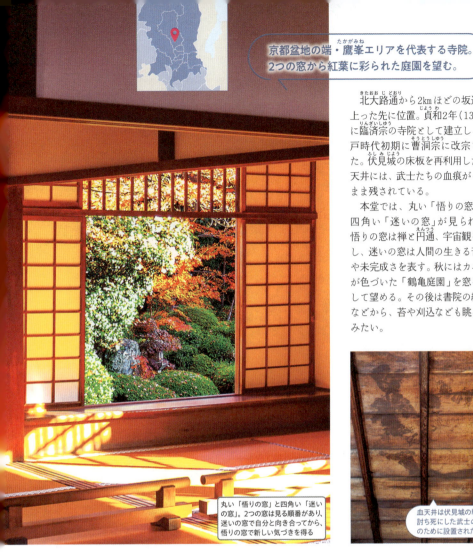

> 京都盆地の端・鷹峯エリアを代表する寺院。
> 2つの窓から紅葉に彩られた庭園を望む。

　北大路通から2kmほどの坂道を上った先に位置。貞和2年(1346)に臨済宗の寺院として建立し、江戸時代初期に曹洞宗に改宗された。伏見城の床板を再利用した血天井には、武士たちの血痕がそのまま残されている。

　本堂では、丸い「悟りの窓」と四角い「迷いの窓」が見られる。悟りの窓は禅と円通、宇宙観を表し、迷いの窓は人間の生きる苦悩や未完成さを表す。秋にはカエデが色づいた「鶴亀庭園」を窓を通して望める。その後は書院の縁側などから、苔や刈込なども眺めてみたい。

京もみじ、社寺に舞う

丸い「悟りの窓」と四角い「迷いの窓」。2つの窓は見る順番があり、迷いの窓で自分と向き合ってから、悟りの窓で新しい気づきを得る

血天井は伏見城の戦いで討ち死にした武士の供養のために設置された

周辺のスポット

光悦寺
こうえつじ
MAP P.105

> 光悦がつくった芸術村が
> 「琳派」の始まり

境内を仕切る「光悦垣」。竹を斜めに組んだ独特な形の垣根

絵画流派のひとつ「琳派」の祖とされる本阿弥光悦が元和元年(1615)、徳川家康から鷹峯の地を拝領し、一族、工芸職人らと開いた芸術村跡。光悦の没後に寺院として整えられた。

☎075-491-1399　徒歩3分　市バス・鷹峯源光庵前下車、京都市北区鷹峯光悦町29　8:00(紅葉の時期8:30)〜17:00　11月10〜13日　400円(紅葉の時期は500円)　あり(有料もしくは利用できない場合あり)

京都市右京区　MAP P.170 A-2

宝筐院
ほうきょういん

嵐山の喧騒を離れて嵯峨野へ
落ちる色に埋もれた石畳の路を歩く

庭園は昭和41年(1966)、中根金作(なかねきんさく)が作庭。石畳の苑路沿いに、色とりどりの紅葉がトンネルのように続く

季節のたより
- 紅葉　11月中旬〜12月上旬
- 椿　3月上旬〜4月中旬
- 桜　3月下旬〜4月上旬
- ヤマブキ　4月上旬〜下旬
- ツツジ・サツキ　4月上旬〜6月上旬
- 山アジサイ　5月下旬〜6月中旬

頭上と庭の緑を覆い尽くす紅葉を眺めながら、
室町時代に隆盛した足利将軍家へ思いを馳せる。

平安時代に白河天皇(しらかわてんのう)の勅願寺として建てられたのが始まり。伽藍の整備を行った室町幕府2代目将軍・足利義詮(あしかがよしあきら)をはじめ、歴代の足利将軍からの庇護を受けた歴史もある。また、足利義詮と南朝の忠臣である楠木正成の子・正行(まさつら)、敵対していた2人の墓が並ぶことで知られる。

嵯峨野(さがの)でも隠れた紅葉の名所。苔に覆われた庭園には石畳の苑路が敷かれ、道を囲むようにモミジやドウダンツツジが植えられている。赤く色づけば庭園は紅葉回廊に様変わり。葉が散れば、庭園の苔や石畳までも赤色に染まる。

ACCESS
アクセス

京都駅
↓ JR山陰本線(嵯峨野線)で18分
嵯峨嵐山駅

嵯峨嵐山駅から市バス91系統で3分、嵯峨釈迦堂前下車、徒歩4分。または京都駅から市バス28系統で51分、嵯峨釈迦堂前下車。

INFORMATION
問い合わせ先
宝筐院　075-861-0610

DATA
観光データ
所 京都市右京区嵯峨釈迦堂門前南中院町9-1　開 9:00〜16:30(11月は〜17:00)受付は各30分前まで　休 無休　料 500円　P なし

本堂南側、春の枯山水庭園。白砂と石組みに緑や花が映える

京都市上京区 MAP P.171 D-1

妙覺寺
みょうかくじ

紅葉と新緑の季節のみ公開
穴場スポットはリフレクション

季節のたより
紅葉 11月中旬〜下旬
桜 3月下旬〜4月上旬

フォトジェニックな庭園・法姿園。「ありのままの姿が美しい」と説く、法華経の教え・諸法実相（しょほうじっそう）を表している

京もみじ、社寺に舞う

> 京都でも比較的落ち着いた西陣周辺に位置。
> 激動の安土桃山時代を生きた人々ゆかりの地。

永和4年（1378）に創建、天正11年（1583）に豊臣秀吉の洛中の都市計画により現在地へ。周辺には妙覺寺と同じ、日蓮宗系の寺院が集まっている。京都に訪れたときの定宿としていた織田信長のほか、伊達政宗や室町幕府13代将軍・足利義輝なども宿所として利用。信長の滞在時に千利休がお茶会を開催したという歴史もある。

本堂庭園「法姿園」は、苔とモミジで構成されたシンプルな庭園。紅葉の特別拝観期間では、テーブルへのリフレクションや、苔上の散り紅葉、ライトアップなど、幅広く紅葉を満喫できる。

ACCESS
アクセス

京都駅
↓ 地下鉄烏丸線で11分
鞍馬口駅

鞍馬口駅から徒歩10分。または京都駅から市バス9系統で28分、天神公園前下車、徒歩3分。

INFORMATION
問い合わせ先
妙覺寺 ☎075-441-2802

DATA
観光データ
所 京都市上京区上御霊前通小川東入下清蔵口町135 開料 堂内・庭園は新緑・紅葉の特別拝観期間のみ（時間はHPで要確認、800円） P 約15台（無料）

大門としだれ桜。大門は豊臣秀吉が建てた聚楽第（じゅらくてい）の裏門とされる

COLUMN

自然美を満喫する列車旅の魅力

眺望抜群。列車に乗って京の紅葉狩り

京都の自然美を堪能する列車旅のなかでも、紅葉シーズンは圧巻。迫力ある逆さ紅葉や散り紅葉、色とりどりのモミジでつくられたトンネルなどの自然と併せて、歴史的名所が楽しめる。

クラシカルなレトロ列車で保津川の渓谷美を体感

嵯峨野トロッコ列車
さがのトロッコれっしゃ

保津川沿いの美しい渓谷を約7.3km、25分で結ぶトロッコ列車。5号車の「リッチ号」は窓ガラスがなく、天井はガラス張り。保津峡の自然を360度で楽しめる。

保津峡には奇岩や急流が点在、トンネルを抜けるたびに異なる景色が映る

嵯峨野観光鉄道　さがのかんこうてつどう

京都市右京区　MAP P.170 A-2

☎075-861-7444　京都駅からJR山陰本線(嵯峨野線)で18分、嵯峨嵐山駅下車、トロッコ嵯峨駅まで徒歩1分　トロッコ嵯峨駅:京都市右京区嵯峨天龍寺車道町　3月1日～12月29日9:02～16:02(1時間間隔で1日8往復)、繁忙日は～17:10　※運休の場合もあるためHPで要確認　不定休　片道880円、全席指定(公式HPから予約・購入可。当日券はトロッコ嵯峨駅、嵐山駅、亀岡駅にて販売)　トロッコ嵯峨駅:なし

息をのむほど美しい保津峡を堪能する

日本最大級の鉄道ジオラマが見られるジオラマ京都JAPANやSLを展示する19世紀ホールがある

嵯峨野トロッコ列車

トロッコ亀岡駅から川下り乗船場まではバスを利用

大窓からのパノラマビュー
叡山電車の動く展望台

展望列車「きらら」
てんぼうれっしゃ「きらら」

比叡山や鞍馬寺、貴船神社など、歴史的名所の近くを走る。大きなガラス張りの窓のデザインが特徴で、前からも横からも美しい自然を楽しめる。

250mにわたって紅葉に囲まれる「もみじのトンネル」は圧巻

叡山電車　えいざんでんしゃ

京都市左京区　MAP P.171 E-2

☎075-781-5121(鉄道部運輸課)　京都駅から市バス4・7系統で27分、出町柳駅前下車すぐ　出町柳駅:京都市左京区田中上柳町32-1　出町柳駅発:5:54～17:45(1日16本、時期により異なる)　無休　出町柳駅～鞍馬駅:片道乗車券470円　出町柳駅:なし

鞍馬寺へ向かうケーブルカーも出ている

モミジのトンネルはここ。ライトアップの演出もある

市街地を抜けると、急勾配区間が増す山岳路線らしい風景に

展望列車「きらら」

京の庭に射す光

流れる水、生い茂る草木、遠くに望む京都三山…
自然に癒やしと憩いを求めるのは昔も今も同じ。
千年の都にある庭園は、施主や作庭家も多様だが、
どれも日本文化の美意識が根底に流れている。

京都市右京区 MAP P.170 A-2

祇王寺
ぎおうじ

平家女人の愛別離苦を偲ぶ
青竹と青もみじに包まれる苔庭の草庵

季節のたより
苔 4月初旬〜7月初旬
紅葉 11月下旬〜12月中旬

京の庭に射す光

初夏の苔庭に青もみじの間から木洩れ日が差し込み、いにしえの物語にふさわしい趣が漂う

『平家物語』に登場する白拍子・祇王ゆかりの寺。祇王たちが心のよりどころとした竹林とモミジに囲まれた苔庭は夏と秋で色彩が劇的に変わり、四季折々に訪れる人を魅了する。

『平家物語』によると、平清盛の寵愛を受けた祇王が、清盛の仏御前への心変わりにより都を追われるように去り、母と妹とともに出家して入寺。のちに無常を感じた仏御前も加わり4人で念仏三昧の余生を送った庵として知られる。草庵の仏間には祇王、祇女、刀自、仏御前、清盛の木像が安置されている。

祇王寺の魅力はなんといっても緑したたる苔庭。茅葺きの門を入ると、竹林とモミジの深い青を映す苔庭が神秘的な美景を見せる。雨の日も趣深い。秋になると一変。真っ赤に染まった散り紅葉が苔を覆い尽くす風景が心に残る。

緑の苔庭に折り重なる散り紅葉とのコントラストが美しい

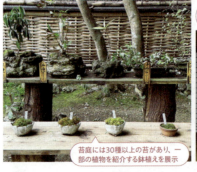

苔庭には30種以上の苔があり、一部の植物を紹介する鉢植えを展示

草庵の「吉野窓」は影が虹色に見えるため別名「虹の窓」

ACCESS
アクセス

京都駅
↓ JR山陰本線(嵯峨野線)で18分
嵯峨嵐山駅

嵯峨嵐山駅から市バス91系統で3分、嵯峨釈迦堂前下車、徒歩15分。または京都駅から市バス28系統で51分、嵯峨釈迦堂前下車。

INFORMATION
問い合わせ先

祇王寺 ☎075-861-3574

DATA
観光データ

所 京都市右京区嵯峨鳥居本小坂町32
開 9:00〜16:30(最終受付) 休 1月1日
料 300円(大覚寺共通600円)
P なし

BEST TIME TO VISIT
訪れたい季節

青もみじが最も美しいのは5月。緑一色の苔庭は雨に濡れてさらに美しくなるので6月の梅雨時もおすすめ。紅葉シーズンは11月下旬〜12月中旬。晩秋の「散り紅葉」は人気の撮影スポット。

参道の奥に続く竹林。風に揺れる葉ずれの音はヒーリングミュージック

TRAVEL PLAN

渡月橋界隈の雑踏を逃れ、詩情あふれる嵯峨野へ。貴人文人が愛した景勝地に点在する古刹は、嵯峨野の風景に溶け込んで各寺の物語を今に伝える。

COURSE

8:40	嵯峨嵐山駅
↓	徒歩20分
9:00	常寂光寺
↓	徒歩3分
9:50	落柿舎
↓	徒歩3分
10:30	二尊院
↓	徒歩5分
11:30	祇王寺
↓	徒歩10分
12:30	清凉寺（嵯峨釈迦堂）
↓	徒歩15分
14:30	旧嵯峨御所 大本山大覚寺
↓	徒歩15分
16:30	嵯峨嵐山駅

常寂光寺
じょうじゃっこうじ
MAP P.112-①
紅葉の名所として名高い小倉山の山腹に位置。約200本のカエデが茅葺きの仁王門や本堂、多宝塔などを包み込む。
☎075-861-0435 ✈JR嵯峨嵐山駅から徒歩20分 ⌂京都市右京区嵯峨小倉山小倉町3 ⏰9:00～17:00（受付は～16:30）無休 ¥500円 Pあり（無料）

小倉山の楓樹を仰ぎ 眼下に嵯峨野を一望
多宝塔からは眼下に広がる嵯峨野の景色が楽しめる

祇王寺
ぎおうじ

草庵は元京都府知事の北垣国道の寄進による

清凉寺（嵯峨釈迦堂）
せいりょうじ（さがしゃかどう）
MAP P.112-④
光源氏のモデル 源融の別荘跡と伝わる。大方丈への渡り廊下の窓枠を額縁に見立てて見る紅葉の庭に注目。
☎075-861-0343 ✈市バス・嵯峨釈迦堂前下車、徒歩3分 ⌂京都市右京区嵯峨釈迦堂藤ノ木町46 ⏰9:00～16:00（変動あり）、霊宝館公開4・5・10・11月 無休 ¥本堂500円、霊宝館とセット900円 Pあり（有料）

光源氏ゆかりの 嵯峨野釈迦堂
「嵯峨野の顔」とも呼ばれる威風堂々たる仁王門

旧嵯峨御所 大本山大覚寺
きゅうさがごしょ だいほんざんだいかくじ
MAP P.112-⑤
嵯峨御所と呼ばれた雅な寺院。中国の洞庭湖を模した大沢池は春は桜、秋は紅葉、さらに月の名所としても名高い。
➡P.28

嵯峨天皇の元離宮に 日本最古の庭池
中秋の名月に大沢池では「観月の夕べ」を開催

落柿舎
らくししゃ
松尾芭蕉も訪ねた 向井去来の草庵跡
MAP P.112-②
庭にある40本の柿の木の実が一夜にして落ちたというのが名前の由来。松尾芭蕉の著『嵯峨日記』はここで執筆された。
☎075-881-1953 ✈JR嵯峨嵐山駅から徒歩20分 ⌂京都市右京区嵯峨緋明神町20 ⏰10:00～17:00（12～2月は～16:00、変更の場合あり）無休 ¥300円 Pなし

玄関には主の在宅を知らせる簑と笠が掛けられている

二尊院
にそんいん
時代劇でおなじみの 参道の紅葉の馬場
MAP P.112-③
総門から延びる参道は「紅葉の馬場」と呼ばれる。道の両側には桜とカエデが交互に植えられ、紅葉時はモミジのトンネルとなる。
☎075-861-0687 ✈市バス・嵯峨釈迦堂前下車、徒歩10分 ⌂京都市右京区嵯峨二尊院門前長神町27 ⏰9:00～16:30 無休 ¥500円 Pあり（無料）

カエデ並木が見事な石畳が風情ある紅葉の馬場

LUNCH

清凉寺内にある 湯どうふの老舗
竹仙
ちくせん
MAP P.112-⑥

ゆどうふおきまり 4180円（昼のみ）

☎075-882-3074 ✈市バス・嵯峨釈迦堂前下車、徒歩3分 ⌂京都市右京区嵯峨釈迦堂藤ノ木町46 ⏰10:00～17:00（LO16:00）木曜（11月は不定休） P清凉寺駐車場利用

京の庭に射す光

京都市右京区 MAP P.170 C-2

龍安寺
りょうあんじ

白砂と15の石の謎めく宇宙
枯山水にあふれる水、流れる水

広さ約250㎡、東西25m、南北10m余の石庭。三方を油土塀で囲まれた長方形白砂の空間に5・2・3・2・3と、15個の石組みが配置されている

季節のたより
桜 3月下旬〜4月中旬
スイレン 5月下旬〜8月下旬
紅葉 11月下旬〜12月上旬

京の庭に射す光

> シンプルかつ不思議な枯山水庭園で名高い、世界遺産にも登録されている禅寺。
> 多くの謎を問いかけてくる無言の石と向き合う時間は、見る者の感性が試されている。

宝徳2年(1450)、応仁の乱の東軍大将・細川勝元が平安時代の貴族・徳大寺家の山荘を譲り受けて創建した。

世界的にも有名な石庭は、砂紋も端正な白砂の上に大小15個の石が配された方丈庭園。一見水平に見えるが、土塀の高低で遠近法も取り入れられている。中国の故事「虎の子渡しの庭」や、配置された石の数から「七五三の庭」という推測もあるが、作者や作庭意図、年代は謎に包まれ、楽しみ方は鑑賞者次第だ。また、四季の花々に彩られる鏡容池が中心の庭園は、格好の散策路になっている。

池泉回遊式庭園・鏡容池。江戸時代はオシドリの名所として知られ、石庭より注目されていた

茶室蔵六庵前にある蹲踞(つくばい)。中央の水溜めを「口」の字に見立て、禅の精神を図案化

石庭をデザインしている手ぬぐい(上)。手のひらサイズに再現した石庭文鎮(下)

ACCESS
アクセス

京都駅
↓ 地下鉄烏丸線で10分
今出川駅
今出川駅すぐの烏丸今出川バス停から市バス59系統で25分、龍安寺前下車すぐ。または京都駅から西日本JRバス高雄・京北線で36分、龍安寺前下車。

INFORMATION
問い合わせ先
龍安寺 ☎075-463-2216

DATA
観光データ
所 京都市右京区龍安寺御陵下町13
開 8:00〜17:30(受付は〜17:00) 12〜2月8:30〜17:00(受付は〜16:30)
休 無休 料 600円 P 80台(拝観者は1時間のみ無料)

BEST TIME TO VISIT
訪れたい季節

石庭奥の油土塀には、しだれ桜や紅葉が差しかかり、禅の庭に色を添える。鏡容池では桜、スイレン、紅葉と四季折々の表情が楽しめる。桜は桜苑でも見られる。

雪景色の石庭。石組みの周囲の砂の波紋は、早朝に住職自らが描く

京都駅から地下鉄烏丸線で13分。北大路バスターミナルは駅直結

TRAVEL PLAN

衣笠山沿いに世界遺産の仁和寺、龍安寺、金閣寺を結ぶ全長2.5kmの道は、「きぬかけの路」と呼ばれ、初めての京都旅ならマストで訪れたいスポットだ。

仁和寺
にんなじ
MAP P.116-①

王朝絵巻のような趣の異なる庭園

慶応期までは皇族が代々門跡を務めた寺院。背の低い遅咲きの御室桜は、国の名勝に指定されている。

➡ P.18

霊明殿から北庭の池越しに宸殿を望む

COURSE

8:15	京都駅
↓	バスで38分
9:00	仁和寺
↓	徒歩15分
10:30	龍安寺
↓	徒歩25分またはバス7分
13:00	金閣寺
↓	徒歩25分またはバス4分+徒歩10分
14:30	今宮神社
↓	徒歩10分
16:00	大徳寺 瑞峯院
↓	徒歩20分またはバス5分
17:30	北大路駅

龍安寺
りょうあんじ

方丈の西側にある苔庭。新緑、紅葉の時季がおすすめ

LUNCH

湯豆腐精進でひと休み

西源院
せいげんいん
MAP P.116-⑤

精進料理 七草湯豆腐付き4000円。湯豆腐単品は2000円

📞 075-462-4742　🚌 市バス／西日本JRバス・龍安寺前下車すぐ　🏠 京都市右京区龍安寺御陵ノ下町13 龍安寺境内　🕐 11:00〜15:40(LO14:50)　休 水・木曜(祝日の場合は営業)　🅿 龍安寺駐車場利用

今宮神社
いまみやじんじゃ
MAP P.116-③

平安建都以前から疫神を祀り、御霊会を営んだことで創祀された社。大己貴命、事代主命、奇稲田姫命を祀り、健康長寿や良縁開運のご利益がある。

📞 075-491-0082　🚌 北大路バスターミナルから市バス204系統などで5分、船岡山下車、徒歩10分　🏠 京都市北区紫野今宮町21　🕐 境内自由(授与所9:00〜17:00)　🅿 あり(有料)

シンデレラストーリーのようなご利益を願って

玉の輿お守各800円。西陣八百屋の娘であるお玉が、徳川綱吉の生母にまで昇り詰めたことに由来する

金閣寺
きんかくじ
MAP P.116-②

豪奢と品を兼ね備えて輝く

正式寺号は鹿苑寺、足利義満が応永4年(1397)に造営。3層からなり、各層で建築様式が異なる金閣(舎利殿)は、2・3層のみ金箔で覆われている。

📞 075-461-0013　🚌 北大路バスターミナルから市バス204系統などで11分、金閣寺道下車、徒歩5分　🏠 京都市北区金閣寺町1　🕐 9:00〜17:00　休 無休　💴 500円　🅿 あり(有料)

金箔のきらめく金閣(舎利殿)が鹿苑寺庭園の中心・鏡湖池に映る
写真提供：鹿苑寺

大徳寺 瑞峯院
だいとくじずいほういん
MAP P.116-④

陽と陰の対をなす2つの枯山水庭園

茶の湯とのつながりも深い大徳寺塔頭のひとつ。天文4年(1535)、キリシタン大名・大友宗麟によって開かれた。方丈の南にある独坐庭、北にある閑眠庭、2つの庭園が見どころ。

📞 075-491-1454　🚌 北大路バスターミナルから市バス204系統などで5分、大徳寺前下車、徒歩5分　🏠 京都市北区紫野大徳寺山内　🕐 9:00〜17:00　休 無休　💴 400円　🅿 大徳寺駐車場利用

「陽」の独坐庭。荒波にもまれながら悠然と立つ蓬莱山(神仙の住む山)を表す

京の庭に射す光

京都市右京区 MAP P.170 A-2

天龍寺
てんりゅうじ

四季折々の嵐山が借景
中国・禅宗由来の庭園芸術の融合

季節のたより
- 梅 2月下旬〜3月下旬
- ミツバムラサキヤマツツジ 3月上旬〜4月下旬
- 桜 3月下旬〜4月中旬
- シャクナゲ 4月上旬〜5月下旬
- ツツジ 4月下旬〜5月中旬
- 紅葉 11月下旬〜12月上旬

京の庭に射す光

夢窓疎石が作庭した「曹源池庭園」。嵐山や亀山を借景とした池泉回遊式の庭園は、日本で初めて指定された史跡・特別名勝

> 日本古来の庭園美に中国故事「登竜門」の物語を投影した曹源池庭園(そうげんちていえん)を筆頭に、強烈なインパクトを放つ画を鑑賞。貴族文化の伝統と禅が調和する古刹を歩く。

足利尊氏(あしかがたかうじ)が後醍醐天皇(ごだいご)の菩提を弔うために、暦応2年(1339)(れきおう)に創建した禅寺。京都五山第一位に位置する古刹として知られる。

曹源池庭園は、夢窓疎石によるもので、日本古来の池泉回遊式庭園に、禅宗由来の北宋水墨画を彷彿させる中国様式を融合させている。釋迦三尊石(中央に釈迦如来、その前後に普賢菩薩と文殊菩薩)や、鯉が滝を登ると龍になるという伝説・登竜門(とうりゅうもん)をモチーフにした龍門瀑(りゅうもんばく)の石組みにも注目だ。法堂(はっとう)の天井画『雲龍図』(うんりゅうず)や、庫裏(くり)の『達磨図』(だるまず)(P.121)など、庭園以外にも見どころが多い。

加山又造(かやままたぞう)作の『雲龍図』は夢窓国師650年遠諱を記念したもの

中国の故事「登竜門」を表現した「龍門瀑」の石。双眼鏡の持参がおすすめ

切妻造りの「庫裏」では、力強い筆致が印象的な『達磨図』が見られる

ACCESS
アクセス

京都駅
↓ 市バス28系統で45分
嵐山天龍寺前バス停

嵐山天龍寺前バス停下車すぐ。または京都駅からJR山陰本線(嵯峨野線)で18分、嵯峨嵐山駅下車、徒歩13分。

INFORMATION
問い合わせ先

天龍寺 ☎075-881-1235

DATA
観光データ

所 京都市右京区嵯峨天龍寺芒ノ馬場町68 開 8:30～17:00(諸堂参拝は～16:30)受付は各10分前まで 休 無休 料 庭園500円、諸堂参拝は別途300円追加 P 120台(1回1000円)

BEST TIME TO VISIT
訪れたい季節

庭園ではツツジやシャクナゲなどにも注目。桜は多宝殿周辺、梅は百花苑で見られる。なかでも、4月から5月にかけては園内に色鮮やかなツツジが咲き誇り、とりわけ華やか。

緑鮮やかな曹源池庭園に、華やいだ春の訪れを伝えるツツジが咲く

120

TRAVEL PLAN

嵐山の名庭園を巡る旅へ。渡月橋から天龍寺、宝厳院など、嵐山を代表する庭園を巡りながら、いにしえの世界に身を置いて雅な気分を味わいたい。

COURSE

9:50	嵐山天龍寺前バス停
↓	徒歩2分
9:55	渡月橋
↓	徒歩6分
10:30	宝厳院
↓	徒歩3分
12:30	天龍寺
↓	徒歩1分
14:00	竹林の道
↓	徒歩2分
14:30	大河内山荘庭園
↓	徒歩6分
16:00	野宮神社
↓	徒歩5分
17:00	嵐山天龍寺前バス停

渡月橋 とげつきょう
MAP P.120-①

約155mの檜の欄干を持つ橋。嵐山の自然と溶け合う風景が素晴らしい。

➡ P.142

大堰川に架かる嵐山のシンボル

季節ごとに移り変わる風景が見どころ

宝厳院 ほうごんいん
MAP P.120-②

天龍寺の塔頭のひとつで、回遊式庭園「獅子吼の庭」の美しさが有名。公開は緑が鮮やかな春と、秋色に染まる時季に開催される年2回の特別拝観時のみ。

☎075-861-0091 交市バス・嵐山天龍寺前下車、徒歩4分 所京都市右京区嵯峨天龍寺芒ノ馬場町36 時通常非公開 ※春・秋の特別公開9:00～17:00（受付は～16:45）、夜間特別拝観 11月中旬～12月上旬17:30～20:30（受付は～20:00）休公開期間中は無休 料700円（夜間特別拝観1000円）P昼間は天龍寺駐車場、夜間は近隣の共用駐車場利用

天龍寺 てんりゅうじ

前管長の平田精耕（ひらたせいこう）老師が描いた『達磨図』

苔の緑と織りなす新緑や紅葉が見事

春は陽光に輝く鮮やかな緑、秋は色づくモミジが目を楽しませる

竹林の道 ちくりんのみち
MAP P.120-③

野宮神社から大河内山荘庭園へ至る、青竹に囲まれた約400mの散策路。木洩れ日や吹き抜ける風を感じながら風情ある散歩が楽しめる。

☎なし 交市バス・嵐山天龍寺前下車、徒歩8分 所京都市右京区嵯峨小倉山田淵山町 時休料散策自由 Pなし

風情ある嵐山の竹林の中を散策

嵐山を代表する風景のなかに身を置いて、京都の風情を堪能したい

大河内山荘庭園 おおこうちさんそうていえん
MAP P.120-④

昭和の大スター大河内傳次郎の旧別荘で、広大な回遊式庭園を一般公開。庭園のしつらえはもとより、比叡山や街を見下ろす眺望も素晴らしい。

☎075-872-2233 交市バス・嵐山天龍寺前下車、徒歩15分 所京都市右京区嵯峨小倉山 時9:00～17:00（入場は～16:30）休無休 料1000円 Pあり（無料）

野宮神社 ののみやじんじゃ
MAP P.120-⑤

伊勢神宮の斎宮に選ばれた皇女が、伊勢へ向かう前に身を清めたとされる神社。縁結びや子宝の神様でも知られる。

☎075-871-1972 交市バス・嵐山天龍寺前下車、徒歩5分 所京都市右京区嵯峨野宮町1 時境内自由（社務所9:00～17:00）休無休 料無料 Pなし

緑生い茂る『源氏物語』の舞台

昭和の名優が愛した回遊式庭園

庭園内にある「月香亭」から京都市内を一望

「野宮のじゅうたん苔」と呼ばれる苔庭も有名

LUNCH

和庭園を眺めながらカフェタイム

パンとエスプレッソと嵐山庭園「エスプレッソと」
パンとエスプレッソとあらしやまていえん「エスプレッソと」
MAP P.120-⑥

季節のホットドッグセット2000円～。プレートセットは4種類

☎075-366-6850 交市バス・嵐山天龍寺前下車、徒歩4分 所京都市右京区嵯峨天龍寺芒ノ馬場町45-15 時8:00～18:00（LO17:00）休無休 Pなし

京の庭に射す光

京都市左京区 **MAP** P.171 F-1

修学院離宮
しゅうがくいんりきゅう

風流人後水尾上皇が造営
王朝文化の美の極み

季節のたより
- 桜 3月中旬～4月上旬
- 紅葉 11月中旬～12月上旬

京の庭に射す光

上離宮にある「隣雲亭」からの風景。浴龍池を中心とした回遊・舟遊式庭園を手前に、鞍馬・貴船の山々や西山、京都市街を一望できる

> 後水尾上皇が江戸初期に造った皇室庭園の最高傑作。広大な敷地に上・中・下離宮があり、上離宮の「隣雲亭」からは四季折々の景観や京都市街を眺望することができる。

比叡山の麓にある山荘庭園。江戸時代初期(1655～59年頃)に、風流人として知られた後水尾上皇によって造園。日本を代表する皇室・王朝庭園の最高傑作として知られる。山腹の傾斜を生かした敷地は約16万5000坪。高さの異なる台地に上離宮・中離宮・下離宮が配され、それぞれの離宮は水田を横切る松並木の道でつながっている。

特に上離宮に建つ茶屋「隣雲亭」からの眺望の素晴らしさは有名。眼下には四季折々に表情を変える木々や谷をせき止めてできた「浴龍池」が眺められ、その背後に京都市街と山々の景色が広がる。

上離宮の高台に建つ茶屋「隣雲亭」。柿(こけら)葺きの屋根が風趣

中離宮は池泉庭園や傘の形に整えられた笠松が見どころ

下離宮の御幸門から中に入ると、美しく手入れされた池泉鑑賞式庭園が見える

ACCESS
アクセス

京都駅
↓ 市バス5系統で55分
修学院離宮道バス停

修学院離宮道バス停下車、徒歩15分。または京都駅から市バス4・7系統で27分、出町柳駅前下車。叡山電鉄叡山本線に乗り換えて7分、修学院駅下車、徒歩20分。

INFORMATION
問い合わせ先

宮内庁京都事務所参観係
☎075-211-1215

DATA
観光データ

所 京都市左京区修学院藪添 問 宮内庁HPの修学院離宮参観案内から要申込(事前ほか、当日申込可) 休 月曜(祝日の場合は翌日) 料 無料 P なし

BEST TIME TO VISIT
訪れたい季節

秋の紅葉は、錦に色づく周囲の山々と庭園とのコントラストがあでやかで目を楽しませてくれる。桜やツツジ、シャクナゲなどの花々に彩られた春もおすすめ。

中国風の石橋・千歳橋。19世紀前半に京都所司代から献上された

TRAVEL PLAN

一乗寺・修学院エリアへ。宮内庁が管理する修学院離宮をはじめ、庭園が美しい周辺の曼殊院や詩仙堂を散策。おみやげ探しやグルメも楽しんで。

COURSE

- 8:50 京都駅
  ↓ バス55分＋徒歩15分
- 10:00 修学院離宮
  ↓ 徒歩5分
- 11:30 赤山禅院
  ↓ 徒歩20分
- 12:30 曼殊院
  ↓ 徒歩15分
- 13:30 詩仙堂
  ↓ 徒歩3分
- 14:10 八大神社
  ↓ 徒歩20分
- 15:30 恵文社 一乗寺店
  ↓ 徒歩5分＋電車6分
- 17:00 出町柳駅

修学院離宮
しゅうがくいんりきゅう

下離宮と中離宮をつなぐ松並木。明治天皇が行幸の際に赤松を植樹し整備された

曼殊院
まんしゅいん

MAP P.124-[2]

伝教大師が創建した古刹。大書院前の庭園は雅な雰囲気が漂い、書院は桂離宮(P.126)と同様に意匠が多いことから、「小さな桂離宮」と呼ばれている。

📞075-781-5010 🚉京都駅から市バス5系統で51分、一乗寺清水町下車、徒歩20分 🏠京都市左京区一乗寺竹ノ内町42 🕐9:00～17:00(受付は～16:30) 休無休 料800円 Pあり(拝観時間は無料)

大名茶人・遠州が愛でた枯山水庭園

キリシマツツジ、梅、桜、笹リンドウなど四季折々の植物が楽しめる

詩仙堂
しせんどう

MAP P.124-[3]

江戸時代の文人・石川丈山が隠棲した山荘跡。白砂を敷き詰めた唐様庭園には、静寂のなか、丈山が考案したという鹿おどしの音がさえわたる。

📞075-781-2954 🚉京都駅から市バス5系統で48分、一乗寺下り松町下車、徒歩7分 🏠京都市左京区一乗寺門口町27 🕐9:00～17:00(受付は～16:45) 休5月23日 料700円 Pなし

鹿おどしの音が静寂の空間に響く

白砂を大海に、サツキの刈込を連山に見立てた趣ある庭園

八大神社
はちだいじんじゃ

MAP P.124-[4]

永仁2年(1294)創建、素盞嗚命を含む3柱を祀る。境内には宮本武蔵ゆかりの一乗寺下り松古木があることでも知られる。

📞075-781-9076 🚉京都駅から市バス5系統で48分、一乗寺下り松町下車、徒歩7分 🏠京都市左京区一乗寺松原町1 🕐参拝自由(御朱印・授与品9:00～17:00) Pあり(500円)

剣の達人 宮本武蔵ゆかりの社

禊祓い、縁結び・和歌、方除・厄除、学業などさまざまな御神徳を持つ

赤山禅院
せきざんぜんいん

MAP P.124-[1]

創建は仁和4年(888)、延暦寺の塔頭のひとつで、商売繁盛の神様としても親しまれる。木彫りのお姿みくじを引いて運試しをしてみたい。

📞075-701-5181 🚉市バス・修学院離宮道下車、徒歩15分 🏠京都市左京区修学院開根坊町18 🕐9:00～16:30 休無休 料無料 Pあり(無料)

商売繁盛の神社の ユニークみくじ

商売繁盛、健康、厄災にご利益がある福禄寿みくじ500円

LUNCH

ラーメン激戦区・一乗寺の人気店

中華そば 高安
ちゅうかそば たかやす

MAP P.124-[6]

中華そば920円。スープは豚骨と鶏ガラからとっている

📞075-721-4878 🚉叡山電鉄・一乗寺駅から徒歩5分 🏠京都市左京区一乗寺高槻町10 🕐11:30～翌2:00 休不定休 Pあり(無料)

恵文社 一乗寺店
けいぶんしゃ いちじょうじてん

MAP P.124-[5]

英国紙が選んだ「世界の書店BEST10」に選出されたことがある名店。本はもちろん、雑貨の品揃えも豊富。旅の思い出として、ぜひ立ち寄って、お気に入りを探したい。

📞075-711-5919 🚉叡山電鉄・一乗寺駅から徒歩5分 🏠京都市左京区一乗寺払殿町10 🕐11:00～19:00 休無休 Pあり(無料)

本+心が弾む アートな雑貨たち

店内では書籍や雑貨のほか、多くの展示やイベントを開催

京の庭に射す光

京都市西京区 MAP P.170 B-4

桂離宮
かつらりきゅう

ドイツの建築家ブルーノ・タウト絶賛
江戸時代初期築造、日本庭園の最高峰

古書院・中書院・楽器の間・新御殿を、北東から東西へ徐々にずらし雁行形に配置している。それぞれの位置からの庭の眺望に配慮している

侘びと雅が調和する庭園。池畔に書院や茶亭を配し、築山、洲浜、橋、石灯籠などの意匠を凝らしている。

八条宮家・初代智仁親王が別荘として造営したもの。元和元年(1615)から寛文2年(1662)頃までの約50年間に、3代の親王がほぼ現状の姿にまで仕立てた。敷地には初代智仁親王が手がけた古書院のほか、その王子・智忠親王による中書院や楽器の間、新御殿などが並ぶ。

『源氏物語』の叙景を取り入れた庭園は、とりわけ水景が素晴らしく、書院群のほか、4つの茶屋や持仏堂がある。建具を開放してつくり出す室内と庭園とを融合させた生活空間は、日本人の琴線にふれるもので、一見の価値がある。

池畔に建つ茅葺きの草庵風茶室「松琴亭(しょうきんてい)」

季節のたより
桜	3月下旬〜4月上旬
キリシマツツジ	4月中旬〜5月上旬
紅葉	11月下旬〜12月上旬

農地で農作業をする人々を風景として取り込もうとした田舎風茶屋の「笑意軒（しょういけん）」

ACCESS
アクセス

京都駅
↓ 京阪京都交通バス2・14・26系統で20分／市バス33系統で26分

桂離宮前バス停

桂離宮前バス停から徒歩15分。または阪急京都線・京都河原町駅から特急で7分／阪急嵐山線・嵐山駅から各停で8分、桂駅下車。桂離宮まで徒歩20分。

INFORMATION
問い合わせ先

宮内庁京都事務所参観係
☎075-211-1215

DATA
観光データ

所 京都市西京区桂御園 開 宮内庁HPの桂離宮参観案内から要申込（事前ほか、当日申込可） 休 月曜（祝日の場合は翌日） 料 1000円 Ｐ あり

BEST TIME TO VISIT
訪れたい季節

一年のなかで最も見学希望者が集まるのが11月中旬〜12月上旬の紅葉シーズン。見学は通年予約可能で、定員が決まっている。見学したい場合は早めの予約がベター。

京の庭に射す光

周辺のスポット

皇室御用達の甘味を味わう

看板商品の「麦代（むぎて）餅」360円。つきたての餅につぶ餡を挟んでいる

中村軒
なかむらけん
MAP P.127

約140年の伝統を和菓子で堪能。和モダンがおしゃれなカフェでは、ぜんざい、かき氷などの甘味のほか、軽食を用意している。

☎075-381-2650 ❀ 京阪京都交通バス／市バス・桂離宮前下車すぐ 京都市西京区桂浅原町61 ⏰ 8:30〜17:30、茶店、テイクアウト10:00〜17:00（LO） 水曜（祝日の場合は営業） Ｐ あり（無料）

京都市中京区 MAP P.171 D-2
元離宮 二条城 二の丸庭園
もとりきゅう にじょうじょう にのまるていえん

徳川幕府の始まりと終焉の舞台
ダイナミックかつ繊細な美が共存

江戸時代には大広間の次の公的な場とされた黒書院からは、小広間と呼ばれた中島が浮かぶ池が望める

巨石群と植栽で魅せる、隆盛を極めた徳川家の名庭の一つ。
徳川家康が築いた居城にある庭園は、国の特別名勝。

徳川家康が将軍上洛時、宿所として築いた二条城。二の丸庭園は、特別名勝として指定されている池庭で、寛永3年(1626)に後水尾天皇の行幸に際して、小堀遠州らが改修したと伝わる。池にはいくつかの中島がある。かつては黒書院や大広間、行幸御殿を結ぶ廊下の四方から見られるよう配置されていた。緑あふれる昼間の景観はもとより、春、夏、秋に開催される夜のライトアップイベント時のナイトビューも必見。

近代的な意匠を持った本丸庭園に、市民の憩いの場として昭和期に作庭された清流園も巡りたい。

二条城が皇室の離宮になったあと、明治天皇の命により造られたという本丸庭園

暗闇に際立つ、美しい和の庭園を眺めながら散策を楽しみたい

ACCESS
アクセス

京都駅
↓ 地下鉄烏丸線・東西線で13分（途中、烏丸御池駅で乗り換え）
二条城前駅

または京都駅から市バス9・50系統で17分、二条城前下車すぐ。

INFORMATION
問い合わせ先

元離宮 二条城 ☎075-841-0096

DATA
観光データ

所 京都市中京区二条通堀川西入二条城町 開 8:45〜17:00（入場は〜16:00）、ライトアップ3月中旬〜4月中旬 休 12月29〜31日 1300円（二の丸御殿観覧料を含む） P あり（有料）

BEST TIME TO VISIT
訪れたい季節

春の桜まつり、夏まつり、秋の二条城まつりの年に3回、城内をライトアップ。プロジェクションマッピングの演出もあり、伝統と光のアートが融合した幽玄の世界が広がる。体験型の催しや飲食屋台なども登場し、縁日のような賑わいに。

京の庭に射す光

季節のたより
桜　3月下旬〜4月下旬
ツツジ　4月下旬〜5月上旬
アジサイ　6月下旬〜7月中旬
紅葉　11月中旬〜12月上旬
椿　12月頃〜4月中旬
※年により異なる

周辺のスポット

静御前と源義経の出会いの場

史跡 神泉苑
しせき しんせんえん
MAP P.129

延暦13年(794)に平安京遷都に伴って造られた庭園。天皇が花見や詩宴などの宴遊を催した。空海が雨を祈った霊場としても知られる。

願いを念じながら渡ると、願いが叶うといわれる「法成橋」

☎075-821-1466 地下鉄・二条城前駅から徒歩3分 所 京都市中京区御池通神泉苑町東入ル門前町167 開 7:00〜20:00 休 無休 ¥ 無料 P なし

129

京都市上京区 MAP P.171 D-2

京都仙洞御所
きょうとせんとうごしょ

**特別仕立ての洲浜、八ツ橋、石組み
季節の花を配した上皇の庭園**

南池に架かる八ツ橋。天井部分は樹齢約130年の藤棚になっていて、毎年4月下旬から5月上旬にかけて淡い紫色の花房をつける

> 小堀遠州と後水尾上皇、2人の趣が共存する庭園は、玉石を敷き詰めた洲浜や藤、桜、モミジが見どころ。

17世紀初頭、後水尾天皇が退位した際に造営された。現在は、嘉永7年(1854)の大火による焼失を免れた茶室「醒花亭」と庭園のみが残る。

現在の庭園は造園家・小堀遠州が作庭したものに、数年後、上皇が手を加えて大幅に改造したもの。南北に分かれていた池泉を拡張し、掘割で連結するなどして、現在の姿になった。粒揃いの玉石を約100mにわたって敷き詰めた洲浜は圧巻。敷地内には、約130本の桜、約370本のモミジのほか、八ツ橋を覆う藤棚があり、季節ごとに彩りを添える。

石1つを「米一升」と交換して集めた「一升石」11万1000個が敷き詰められた洲浜

ACCESS
アクセス

京都駅
↓ 地下鉄烏丸線で7分
丸太町駅
丸太町駅から徒歩15分。または京都駅から市バス4・7、205系統で24分、府立医大病院前下車、徒歩10分。

INFORMATION
問い合わせ先
宮内庁京都事務所参観係
☎ 075-211-1215

DATA
観光データ
所 京都市上京区京都御苑内 開 公式HP(宮内庁参観案内)で要確認。事前申込のほか、当日申込も可能 休 月曜(祝日の場合は翌日) 料 無料 P 京都御苑駐車場利用(有料)

BEST TIME TO VISIT
訪れたい季節
庭園には約120種4500本の樹木があり、そのうち約370本がイロハモミジやヤマモミジ。ほか、イチョウやエノキなどの広葉樹が多く、秋には赤や黄色で織りなすグラデーションが人々を魅了する。

真っ赤に色づいた紅葉橋の木々が水面に映し出された風景

周辺のスポット

京都御所
きょうとごしょ
宮廷文化を伝える
歴代天皇の邸宅
MAP P.131

京都御苑の中心に建つ、歴代天皇の住まい。現在の建物は安政2年(1855)に平安期の内裏の形式を踏襲して再建された。
☎ 075-211-1215(宮内庁京都事務所参観係) 交 地下鉄・今出川駅から徒歩5分 所 京都市上京区京都御苑 開 9:00~17:00(3・9月は~16:30、10~2月は~16:00)入場は各40分前まで 休 月曜(祝日の場合は翌日) 料 無料 P 京都御苑駐車場利用(有料) ※工事により一部見学ができない場合あり

御常御殿前の御内庭は緑の濃い静寂の庭

季節のたより
桜 4月中旬~下旬
藤 4月下旬~5月上旬
紅葉 11月下旬~12月上旬

京の庭に射す光

京都市左京区 MAP P.171 E-2

無鄰菴
むりんあん

躍動的な里山の自然美を昇華
有朋自慢の庭園芸術

庭を眺める目的で建てられた母屋から庭園を望む。母屋は明治28年(1895)築の木造。10分間の無料ガイドが実施される

> 元勲と若い庭師が生んだ自然主義的な近代日本庭園は、昭和26年(1951)に国の名勝に指定された名庭。

明治・大正期の政治家、元勲の山縣有朋の別荘。庭園は、造園に造詣の深かった有朋の指示のもと、若き日の七代目小川治兵衛(植治)が作庭した。

庭園は東山を借景に琵琶湖疏水の水を躍動的に取り入れ、樹木や渓流を配している。里山や深山をそのまま移築したような趣で、近代日本庭園の傑作として知られる。京都の庭で多く見られる苔の代わりに敷き詰めた野芝は、有朋の好みによるものだ。東山を遠望する母屋の広間では、和菓子付きの抹茶(1200円)が味わえる。

明治36年(1903)に伊藤博文、小村寿太郎らが無鄰菴の洋館に集まり、日露開戦前の会議「無鄰菴会議」が開かれた

母屋の一室にある無鄰菴カフェ。山縣有朋が庭を眺めた部屋で、抹茶や和菓子をお供に庭園鑑賞を堪能できる

ACCESS
アクセス

京都駅
↓ 地下鉄烏丸線・東西線で17分
（途中、烏丸御池駅で乗り換え）
蹴上駅

蹴上駅から徒歩7分。または京都駅から市バス5系統で32分、岡崎公園 美術館・平安神宮前下車、徒歩7分。

INFORMATION
問い合わせ先

無鄰菴 075-771-3909

DATA
観光データ

所 京都市左京区南禅寺草川町31
開 9:00〜18:00（10〜3月は〜17:00) 休 無休 料 時期により変動（公式HPで要確認）P なし

BEST TIME TO VISIT
訪れたい季節

無鄰菴の庭には、当時の日本庭園では珍しかったモミを外周に配置し、春は青もみじ、秋は紅葉を満喫できる。3〜5月のシーズンは、庭全体が生命力豊かな景観を見せてくれる。

京の庭に射す光

季節のたより
- サツキツツジ 5月上旬
- カキツバタ 5月中旬〜下旬
- 紅葉 11月下旬〜12月上旬

いわば主体である庭を鑑賞するための建物で、母屋は簡素な木造。明治28年(1895)築

133

京都市北区 MAP P.170 C-2
等持院
とうじいん

足利尊氏が夢窓疎石を迎えて創建
趣の異なる3つの庭園

徳治政治を実現させた足利尊氏（あしかがたかうじ）と夢窓疎石（むそうそせき）ゆかりの寺院。
南・東・西、3つの庭園を流れる静寂な時に身を委ねてみたい。

季節のたより
- 桜　3月下旬～4月上旬
- ツツジ　4月下旬～5月中旬
- 紅葉　11月中旬～12月上旬

室町幕府初代将軍・足利尊氏が創建した禅寺。足利将軍家の菩提寺で、霊光殿には歴代将軍の木像が安置されている。

庭園は大きく分けて3ヵ所。方丈南庭は白砂と石組みを配した枯山水式庭園で、簡素ながらも洗練されたたたずまい。日本初の作庭家・夢窓疎石の作と伝わる西庭には、芙蓉池を中心に四季折々の花々が咲く。東庭は心字池（しんじいけ）を中心に静寂で穏やかな雰囲気が魅力。西庭、東庭ともに池泉回遊式庭園。書院で抹茶（600円）を味わいながら、庭園をじっくり鑑賞したい。

方丈南庭。白砂と苔のコントラストが洗練された雰囲気

京の庭に射す光

ACCESS
アクセス

京都駅
↓ 地下鉄烏丸線で10分
今出川駅
今出川駅すぐの烏丸今出川バス停から市バス59系統で24分、立命館大学前下車、徒歩15分。または京都駅から西日本JRバス高雄・京北線で36分、龍安寺前下車、徒歩9分。

INFORMATION
問い合わせ先
等持院　☎075-461-5786

DATA
観光データ
所 京都市北区等持院北町63
開 9:00～16:30（受付は～16:00）
休 無休　料 600円　P 10台（無料）

BEST TIME TO VISIT
訪れたい季節
初夏は花菖蒲とハンゲショウの花が咲き、盛夏にはサルスベリの鮮やかなピンク色が庭を彩る。秋は西庭のフヨウの花が開花し、東庭には木々があでやかに色づく。春には樹齢約400年の有楽椿やサツキも見どころ。

「芙蓉池」を中心とした西庭。池には蓬莱島とされる中島があり、周辺には季節ごとに花を咲かせるサツキやフヨウなどを植栽。奥の築山には茶室・清漣亭（せいれんてい）が建つ

薄いピンクの花を咲かせる有楽椿。地面に落ちた花弁の様子も風流

さまざまなデザインの木彫椅子も見どころ

京都画壇の重鎮
ここに画業を集約

京都府立堂本印象美術館
きょうとふりつどうもといんしょうびじゅつかん
MAP P.135

大正から昭和にかけて活躍した京都画壇の巨匠、堂本印象が自ら設計し、設立した美術館。外観、内装、家具にいたるまで独創的な造形が目を引く。
☎075-463-0007　交 烏丸今出川バス停から市バス59系統で24分、立命館大学前下車すぐ　所 京都市北区平野上柳町26-3　開 9:30～17:00（入館は～16:30）　休 月曜（祝日の場合は翌日）　料 展覧会により異なる　P なし

135

京都市左京区 MAP P.166 C-2

実相院
じっそういん

比叡山を借景にした枯山水
四季折々の美と「床もみじ」の興趣

> 代々皇族や貴族が住職を務める門跡寺院。
> 床もみじや比叡山など、風情豊かな庭園美と出会える。

応仁の乱(1467〜77)の戦火を逃れ、現在地に移転。「岩倉門跡」「岩倉御殿」の別称を持つ。正面玄関の四脚門、玄関横の御車寄、客殿は、義周法親王が住職を務めた時代に、京都御所にある大宮御所の承秋門院の一部が下賜されたものだ。

庭園は2カ所。「山水庭園」は裏山を背にし、野趣満々としている。枯山水式の「こころの御庭」は、植治12代目・小川勝章氏監修のもと市民参加で作庭された。非公開エリア含め、執事と寺院を巡る特別拝観ツアー(予約)で鑑賞するのもよい。

磨き込まれた客殿の床板に木々が映る見事な床みどり

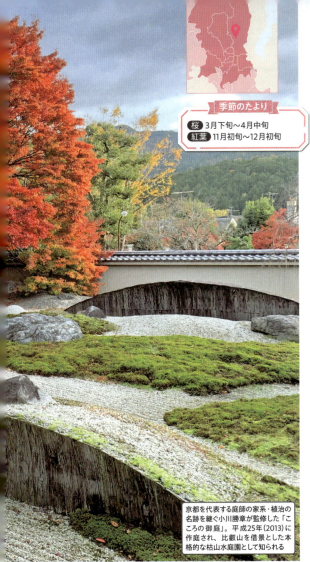

季節のたより
- 桜 3月下旬～4月中旬
- 紅葉 11月初旬～12月初旬

京都を代表する庭師の家系・植治の名跡を継ぐ小川勝章が監修した「こころの御庭」。平成25年(2013)に作庭され、比叡山を借景とした本格的な枯山水庭園として知られる

周辺のスポット

岩倉具視幽棲旧宅
いわくらともみゆうせいきゅうたく
MAP P.137

明治維新の立役者である岩倉具視が、幕末の動乱期に3年間隠棲していた屋敷。坂本龍馬らが訪ねた居室が見学できる。

☎075-781-7984 ❷京都バス・岩倉実相院下車、徒歩3分／叡山電鉄・岩倉駅から徒歩20分 ⊕京都市左京区岩倉上蔵町100 ⊕9:00～17:00(入場は～16:30) ⊕水曜(祝日の場合は翌平日) ⊕HPで要確認 ⊕あり(無料)

明治維新の十傑の息づかいが間近に

主屋は当時の姿を残した茅葺きの質素な平屋建て
©植彌加藤造園

岩倉具視の遺品や明治維新に関する史料を収めた「対岳文庫」
©植彌加藤造園

ACCESS
アクセス

京都駅
↓ 地下鉄烏丸線で20分
国際会館駅
京都バス24系統で12分、岩倉実相院下車すぐ。ほか叡山電鉄鞍馬線・岩倉駅から徒歩20分。

INFORMATION
問い合わせ先

実相院
☎075-781-5464

DATA
観光データ

⊕京都市左京区岩倉上蔵町121 ⊕9:00～17:00 ⊕公式HPで要確認 ⊕500円 ⊕あり(無料)

BEST TIME TO VISIT
訪れたい季節

4月後半から梅雨時期の緑がさえるシーズンと、モミジが真っ赤に色づく秋の紅葉の頃がおすすめ。客殿の床板に鮮やかな緑の木々を映し出す「床みどり」、鮮烈な赤色が目を引く「床もみじ」が見どころ。

京の庭に射す光

京都市東山区 MAP P.171 E-3

円山公園
まるやまこうえん

暗闇に妖艶に浮かび上がる京都を代表するしだれ桜

ひょうたん池のほとりで桜が満開の花を咲かせる。開花期間中はライトアップされ、昼とは異なる妖艶な姿が人々を魅了する

季節のたより
桜	3月下旬〜4月上旬
ツツジ	4月中旬〜5月上旬
紅葉	11月下旬〜12月上旬

桜の名所でおなじみの園内に設けられた日本庭園は、丘陵地にあることを生かし、渓谷の自然を再現している。

明治19年(1886)に開園した京都最古の公園で、国の名勝に指定されている。東山を借景にした池泉回遊式庭園を有する。名作庭家・小川治兵衛により設計された庭園には、海に見立てた池や滝、橋が配され、ゆるやかな地形と木々が織りなす景観のなか、随所に五感で楽しめる意匠が見られる。

京都随一の桜の名所としても有名で、敷地内にはソメイヨシノ、山桜をはじめ約680本の桜が植栽されている。この公園のシンボル、祇園しだれ桜は開花期間中ライトアップされ、幻想的な美しさを放つ。通称「祇園の夜桜」。

ACCESS
アクセス

京都駅
↓ 市バス206系統で21分
祇園バス停

祇園バス停下車すぐ。ほか阪急京都線・京都河原町駅から徒歩10分、京阪本線・祇園四条駅から徒歩7分、地下鉄東西線・東山駅から徒歩10分。

INFORMATION
問い合わせ先

京都市都市緑化協会
☎075-561-1778(水曜休)

DATA
観光データ

所 京都市東山区円山町 開休料 入園自由、ライトアップは3月下旬〜4月上旬日没〜22:00(変更の場合あり) P なし

公園のほぼ中央に立つ祇園しだれ桜。現在の木は2代目で、初代の種子から育てられたもの

京都市左京区 MAP P.167 D-1

宝泉院
ほうせんいん

額縁庭園を前に抹茶で一服
書院から望む庭はまるで名画

盤桓園とは、立ち去り難い庭園の意。書院でお抹茶とお菓子をいただきながら、五葉松をはじめ庭園を鑑賞できる

京の庭に射す光

季節のたより
- 桜 4月上旬
- ミツマタ 3月下旬～4月
- シャクナゲ 4月
- 夏椿 6月中旬
- 紅葉 11月上旬～下旬

圧巻の五葉松や大原の里山が織りなす絵画のような庭。水琴窟の音色を聞きながら、静かに向き合いたい。

紅葉の美しい11月初旬から12月初めにかけての約1カ月、ライトアップされた日没後の庭が拝観できる

　山里の風情が心地よい大原に栄えた天台宗の僧房として、約800年の歴史を持つ。客殿の「血天井」も有名。徳川家康の忠臣、鳥居元忠ら約400名が伏見城の戦いで自刃した際の床板を祀る。
　庭園「盤桓園」は、書院の柱と鴨居を額に見立てたことから「額縁庭園」と呼ばれる。冬でも窓がすべて開け放たれ、水琴窟の音色を聞くことや、竹林、紅葉、雪景色などを眺めることができる。「額縁」の中で、ひときわ目を引く宝泉院のシンボル・五葉松は、樹齢700年以上。高浜虚子は「大原や無住の寺の五葉松」と詠んだ。

ACCESS
アクセス

京都駅
↓ 地下鉄烏丸線で20分

国際会館駅
国際会館駅から京都バス19系統で25分、大原下車、徒歩15分。または京都駅から京都バス17系統で大原まで1時間10分。

INFORMATION
問い合わせ先
宝泉院 075-744-2409

DATA
観光データ
所 京都市左京区大原勝林院町187
開 9:00～17:00(受付は～16:30)
休 無休(1月3日は要問合せ)
料 900円(茶菓付) P なし

139

COLUMN

色彩豊かな花々が集まる心癒やす楽園

開園から100周年。京都府立植物園

日本で最初の公立総合植物園として大正13年(1924)に開園。広大な敷地で約1万2000種類の植物が植栽されている。日本最大級の回遊式観覧温室では、約4500種類の熱帯植物も展示中。

**優雅な幾何学美が広がり
噴水の音に包まれる庭園**

洋風庭園
ようふうていえん

西洋庭園特有の左右対称なデザインで、整然とした美しさが際立つ空間。バラ、シャクナゲなどの植物と、噴水や整った花壇など、人為的な美しさが共存している。

約320品種1400株のバラを春から初夏にかけて楽しめる

周囲の地面よりも掘り下げられており、全体を俯瞰的に観覧できる

**自然のままに咲き誇る植物
野生の美しさを知る散策路**

ワイルドガーデン
ワイルドガーデン

石組みや丘、樹木を巧みに配置したデザインが特徴で、成形花壇とは異なり、より自由な形状で植物が配置されている。

宿根草の植物を中心に、海外原産の植物も並ぶ

四季折々の花が迎える、華やかな入口

正門花壇
せいもんかだん

園を訪れる人を迎える入口に広がる花壇。四季折々の草花が彩り、正面には桜林、遠方には北山連峰を借景にした景観が望める。

春に一斉に開花する約2500株のチューリップは植物園の春の風物詩

夏から秋に咲き続けるサルビア(左)と、鮮やかな葉色を楽しめるハゲイトウ(右)

京都府立植物園
きょうとふりつしょくぶつえん

京都市左京区　MAP P.171 D-1

☎075-701-0141　京都駅から地下鉄烏丸線で15分、北山駅下車すぐ　京都市左京区下鴨半木町　9:00～17:00(イベント時期などにより変動あり)　無休　500円　150台(1時間300円、上限1200円)

古都の歴史散歩

時代を超えて繁栄し続けてきた魅惑的な都。
趣ある街や名所が守り継がれた背景を知り、
そこに生きた人々の息吹を感じられたとき、
「映え」だけではない、京都散策の楽しさがわかる。

京都市右京区 MAP P.170 A-2

渡月橋
とげつきょう

平安の貴人も愛した
「月が渡る」風雅な嵐山の橋

季節のたより
桜 3月下旬〜4月上旬
紅葉 11月中旬〜12月上旬

古都の歴史散歩

渡月橋は大堰川に架かる橋で全長約155m。秋、色彩豊かに紅葉する嵐山と清流に架かる、ゆるやかな曲線の橋とのコラボは必見

> 鎌倉時代の亀山上皇が"月が渡る様子に似ている"と詠嘆し命名したという渡月橋。春の桜、秋の紅葉…。四季折々に風趣に富む嵐山の景観には欠かせない橋だ。

古の平安貴族たちが別荘を構え、川に舟を浮かべて貴人文人たちが詩歌管弦に興じた嵐山。最初の橋は承和年間(834〜848)に法輪寺の門前橋として造られ、現在の位置には後年に角倉了以が架けたとされる。

現在の橋は昭和9年(1934)に完成したもの。橋の下をゆったり流れる川は保津川から嵐山で大堰川と名を変え、渡月橋を境に下流は桂川と名を変える。桜やカエデが嵐のように舞い散るからと嵐山の名が付けられた山々が織りなす風景の豊かさは、四季折々に見る人の心におおらかな安らぎを与えてくれる。

嵐山の緑と音を立てて流れる桂川の清流に涼を求めて訪れる人も多い

桂川沿いの満開の桜並木と渡月橋越しに見る嵐山のコントラストが絶妙

ACCESS
アクセス

京都駅
↓ 市バス28系統で45分
嵐山天龍寺前バス停

嵐山天龍寺前バス停から徒歩2分。または京都駅からJR山陰本線(嵯峨野線)で18分、嵯峨嵐山駅下車、徒歩12分。

INFORMATION
問い合わせ先

嵐山保勝会 ☎075-861-0012

DATA
観光データ

[所]京都市右京区嵯峨天龍寺芒ノ馬場町ほか [開休料]散策自由 [P]なし

BEST TIME TO VISIT
訪れたい季節

桜、紅葉の名勝地として名高いため、春と秋の行楽シーズンの渡月橋界隈は国内外からの観光客や修学旅行生で大混雑は必至。混雑を避けたい、またはリピーターなら夏は鵜飼い、冬には屋形船遊覧で雪見なども風情がある(悪天候時は運休)。

雪化粧した嵐山、雪が舞い散る大堰川などまるで水墨画の世界が広がる

TRAVEL PLAN

渡月橋界隈にはスマホ片手に楽しめる京都らしいアートや、伝統的な空間で風光明媚な嵐山の四季を余すことなく味わえるスポットが点在する。

COURSE

9:25	嵐山天龍寺前バス停
↓	徒歩すぐ
9:30	キモノフォレスト
↓	徒歩3分
10:00	渡月橋
↓	徒歩3分
10:30	福田美術館
↓	徒歩5分
12:30	嵯峨嵐山文華館
↓	徒歩6分
14:00	嵐山 祐斎亭
↓	徒歩10分
15:30	嵐山天龍寺前バス停

キモノフォレスト
きものふぉれすと
MAP P.144-1

京友禅が使用された高さ2mほどのポールが600本置かれ、嵐電・嵐山駅全体がアート作品に。ライトアップされる京友禅の小径は幻想的。

☎075-873-2121(嵐山駅インフォメーション) 交市バス・嵐山天龍寺前下車すぐ 所京都市右京区嵯峨天龍寺造路町20嵐電嵐山本線嵐山駅構内 休散策自由(ライトアップは日没~21時) Pなし

嵐電の電車と色彩豊かな光の森

友禅の林の奥にはパワースポットとして人気の「龍の愛宕池」がある

渡月橋
とげつきょう

渡月橋を渡ってすぐに続く、小さな橋・渡月小橋。屋形船の船着き場風景が間近に

福田美術館
ふくだびじゅつかん
MAP P.144-2

渡月橋を一望できる好立地。「100年続く美術館」をコンセプトに円山応挙や伊藤若冲など京都ゆかりの作品を中心にした年4回の企画展が充実している。

☎075-863-0606 交市バス・嵐山天龍寺前下車、徒歩4分 所京都市右京区嵯峨天龍寺芒ノ馬場町3-16 営10:00~17:00(入館は~16:30) 休展示替え期間、設備点検日 料1500円 Pなし

嵐山と一体化する日本美術の粋

和モダンな外観で前庭の水盤は、嵐山を水鏡のように映す

嵯峨嵐山文華館
さがあらしやまぶんかかん
MAP P.144-3

百人一首の和歌と作者のフィギュアが展示された常設展や、日本画を中心とした企画展を開催している。120畳もある「畳ギャラリー」の日本画にも注目したい。

☎075-882-1111 交市バス・嵐山天龍寺前下車、徒歩5分 所京都市右京区嵯峨天龍寺芒ノ馬場町11 営10:00~17:00(入館は~16:30) 休展示替え期間 料1000円 Pなし

「小倉百人一首」の歌と歴史にふれる

江戸時代前期に作られた手書きの百人一首かるた

嵐山 祐斎亭
あらしやまゆうさいてい
MAP P.144-4

築150年の元料理旅館の建物を生かした、奥田祐斎氏の染色アートギャラリー。窓いっぱいに広がる嵐山の自然が机や水鏡に映り込むシンメトリーな風景が話題に。

☎075-881-2331 交市バス・嵐山天龍寺前下車、徒歩10分 所京都市右京区嵯峨亀ノ尾町6 営10:00~17:00(紅葉ピーク時は要予約、HPで要確認) 休木曜(11月は無休) 料2000円

嵐山の自然美を映すシンメトリーの風景

机に反射した新緑がシンメトリーの風景を織りなしている丸窓の部屋

写真：@wasabitool
写真：@junichiro.takikawa

川端康成が『山の音』を執筆した部屋にもシンメトリーな風景が見られる

LUNCH

嵐山のむら
あらしやまのむら

「ねぎ焼き」が名物の甘味処

MAP P.144-5

嵯峨のねぎ焼き(単品)960円。九条ねぎや卵などが入った、京風のお好み焼き

☎075-881-1651 交市バス・嵐山天龍寺前下車、徒歩2分 所京都市右京区嵯峨天龍寺造路町35-20 営11:00~17:00(LO) 休水曜、火曜不定休(祝日の場合は営業) Pなし

古都の歴史散歩

京都市左京区 MAP P.171 F-2

哲学の道
てつがくのみち

水と緑が織りなす自然の散策路
風流を誘う疏水の静かな流れ

季節のたより
桜 3月下旬〜4月上旬
アジサイ 6月中旬〜7月上旬
紅葉 11月下旬〜12月上旬

古都の歴史散歩

歩きやすいように市電の軌道敷石が並べられている。四季折々の美しさから「日本の道100選」にも選ばれた小径

銀閣寺と熊野若王子神社の間を結ぶ、疏水沿いに続く約1.5kmの散歩道。
哲学者の西田幾多郎が散策しながら思索にふけったことからその名がついた。

「人は人、吾は吾なり、とにかくに、吾行く道を吾は行くなり」と名言を残した西田幾多郎にちなんだ哲学の道。アカデミックなネーミングが人気となり、今や京都屈指の散策コースに。大正時代には日本画家の橋本関雪の夫人によって関雪桜が植えられた。春には頭上いっぱいに薄紅色のトンネルとなる。

途中、東側の山裾には深閑とたたずむ神社仏閣がいくつもあり見どころ満載。裏道や路地に入れば、雰囲気のあるおしゃれな雑貨店やカフェに出会える。観光地を巡ったり気ままにショッピングしたりと、一日かけて楽しめる。

銀閣寺西橋以北で見られる花筏。散った桜の花びらが疏水上を一面ピンクに染める

水路沿いで鮮やかに色づくモミジやカエデを眺めながら散策できる

椿の寺として知られる霊鑑寺(P.65)。春と秋に特別公開される

銀閣寺に向かう参道と哲学の道の分岐点となる銀閣寺橋

ACCESS
アクセス

京都駅
↓ 市バス5系統で35分
南禅寺・永観堂道バス停
↓ 市バス5系統で7分
銀閣寺道バス停

南禅寺・永観堂道バス停から哲学の道南端の若王子橋まで徒歩10分。銀閣寺道バス停から北端の銀閣寺橋まで徒歩7分。南禅寺・永観堂道バス停から市バス5系統で、途中真如堂前まで3分、錦林車庫前まで4分、浄土寺まで5分。

INFORMATION
問い合わせ先

哲学の道保勝会 ☎075-761-1944

DATA
観光データ

所 京都市左京区若王子町～浄土寺石橋町 開休料 散策自由
P なし

BEST TIME TO VISIT
訪れたい季節

桜の名所として桜花爛漫の春が人出も華やかさもピークだが、初夏の夜にはゲンジボタルも見られるというロケーション。秋の紅葉シーズンは道沿いの散り紅葉も風情があり、季節ごとに道行く人を楽しませてくれる。

TRAVEL PLAN

哲学の道沿いでは普段は非公開の寺もチェックしたい。春の椿や桜、ツツジなどの花の見頃の時期や秋の紅葉シーズンに特別公開される。

COURSE

8:40	南禅寺・永観堂道バス停
↓	徒歩13分
8:55	大豊神社
↓	徒歩6分
9:30	安楽寺
↓	徒歩5分
10:10	法然院
↓	徒歩6分
10:50	京都ちどりや 銀閣寺店
↓	徒歩7分
12:30	銀閣寺
↓	徒歩5分
13:30	銀閣寺道バス停

大豊神社
おおとよじんじゃ
MAP P.148- 1

鹿ヶ谷一帯の産土神。大国主命を火の中から救ったというネズミのほかにヘビ、鳶、猿などが、狛犬の代わりに境内を見守っている。

☎075-771-1351 交市バス・宮ノ前町下車、徒歩5分 所京都市左京区鹿ケ谷宮ノ前町1 時休境内自由 Pあり(無料、要事前確認)

かわいらしい狛ねずみが待つ境内

末社には神使いの動物たちが鎮座する

安楽寺
あんらくじ
MAP P.148- 2

松虫・鈴虫の悲話が残る

法然の弟子・住蓮と安楽の開いた念仏道場跡に創建。2人は後鳥羽上皇の寵姫・松虫と鈴虫が仏門に入るきっかけをつくり死罪となったと伝わる。春と秋などの限定公開で、住職の解説が付く。

☎075-771-5360 交市バス・錦林車庫前下車、徒歩7分 所京都市左京区鹿ケ谷御所ノ段町21 時4月上旬の土曜、5月上旬の土・日曜・祝日、5月下旬～6月上旬の土曜、7月25日、11月の土・日曜・祝日、12月上旬の土・日曜10:00～16:00(最終受付) 休公開時は無休 料500円 Pなし

桜、サツキ、紅葉の見頃とカボチャ供養の時期に限定公開

法然院
ほうねんいん
MAP P.148- 3

白砂壇に散る椿と紅葉の美景

法然が弟子の住蓮・安楽とともに六時礼讃を勤めた旧跡。講堂を個展やコンサートなどに開放したり、谷崎潤一郎など文人たちの墓があることでも有名。

☎075-771-2420 交市バス・浄土寺下車、徒歩10分 所京都市左京区鹿ケ谷御所ノ段町30 時境内自由、本堂 春(4月1～7日)9:30～16:00(最終受付) 秋(11月18～24日) 9:30～16:00(最終受付) 休無休 料本堂800円

山門を入った両側に盛られる白砂壇。砂盛りの波紋は清めの水を表す

茅葺き屋根の山門の前。石段に落花するヤブツバキも風趣に富む

LUNCH

50年以上愛され続けるつけ麺うどん

名代おめん 銀閣寺本店
なだいおめん ぎんかくじほんてん
MAP P.148- 6

おめん1350円。たくさんの薬味やゴマ、おだしと味わう

☎075-771-8994 交市バス・銀閣寺前下車、徒歩5分 所京都市左京区浄土寺石橋町74 時10:30～18:00(LO17:30) 土・日曜、祝日10:30～16:00(LO15:30)、17:00～20:30(LO20:00) 休木曜、ほか水曜不定休あり(要問合せ) Pあり(無料)

京都ちどりや 銀閣寺店
きょうとちどりや ぎんかくじてん
MAP P.148- 4

椿油や小豆に米ぬか、葛粉など日本の天然素材にこだわったオーガニックコスメの専門店。千鳥をモチーフにした和雑貨も揃う。

☎075-751-6650 交市バス・銀閣寺前下車、徒歩5分 所京都市左京区浄土寺上南田町65-1 時10:00～17:00 休木・土・日曜 Pなし

ボディトリートメントクリーム 3520円(60㎖)。オーガニクロウシアバターと生ゴマ油がベース

自然素材を使った京コスメをおみやげに

アイセラム5115円(15㎖)。天然ヤブツバキ油に、ローズヒップシードオイル、精油配合で目元にハリと潤いを与える

銀閣寺
ぎんかくじ
MAP P.148- 5

日本の美意識の原点を育んだ寺

室町幕府8代将軍・足利義政が建てた山荘が起源。侘び寂びの東山文化の象徴ともいえる観音殿は銀箔が貼られてないが、向月台と銀沙灘からの眺めが美しい。

☎075-771-5725 交市バス・銀閣寺道下車、徒歩5分 所京都市左京区銀閣寺町2 時8:30～17:00 12～2月9:00～16:30 休無休 料500円(特別拝観は別途) Pなし

古都の歴史散歩

京都市東山区 MAP P.171 E-3

祇園新橋
ぎおんしんばし

千本格子にはんなりと簾が揺れる花街
祇園の古いたたずまいを伝える

季節のたより
桜 3月下旬〜4月中旬
紅葉 11月中旬〜12月中旬

古都の歴史散歩

白川に架かる石畳の巽橋(たつみばし)。朱色の玉垣や桜、柳に囲まれた祇園情緒満点の人気撮影スポット

> 花街情緒を今も色濃く残す新橋通。祇園花街発祥の地であり、一筋南の白川南通も含めた界隈は「祇園新橋」として、国の重要伝統的建造物群保存地区に選定されている。

祇園はもともと鎌倉時代初期に八坂神社の門前町として発生した町で、建仁寺の境内地を取り囲むように形成されている。江戸時代初期からは八坂神社や清水寺への参詣客を相手に水茶屋が軒を並べ、歌舞伎の流行もあって茶屋町として発展していった。

祇園のなかの一部にあたる「祇園新橋」は、元吉町を通る新橋通を中心とした東西約160m、南北約100mのエリア。新橋通沿いには2階から簾を垂らした紅殻の千本格子に犬矢来を施した祇園独特の家並みが続く。その南側の白川南通は、白川沿いに朱色の玉垣が並ぶ石畳の道。辰巳大明神や巽橋一帯は映画などでもおなじみだ。

ACCESS
アクセス

京都駅
↓ 市バス206系統で21分
祇園バス停

祇園バス停から巽橋まで徒歩6分。ほか阪急京都線・京都河原町駅、京阪本線・祇園四条駅・三条駅、地下鉄東西線・三条京阪駅から徒歩8分。

INFORMATION
問い合わせ先

京都総合観光案内所(京なび)
📞 075-343-0548

DATA
観光データ

所 京都市東山区元吉町ほか
開休 散策自由 P なし

BEST TIME TO VISIT
訪れたい季節

祇園が華やぐのは4月の「都をどり」の頃。ちょうど桜の見頃で白川南通沿いは桜と花見客であふれる。7月は1カ月間祇園祭(P.4)の催事で活気づき、秋は寺社も街も紅葉に彩られる。八坂神社はおけら詣りや初詣で冬も賑わう。

白川沿いの石畳の道に桜と柳並木が続く白川南通。桜の頃はライトアップされる

花街情緒を歩く
昼間の散策とはまた違った顔を見せる夜の祇園も魅力満載。

祇園の夜は幻想的だ。「一見さんお断り」という大人の社交場としての格式を誇るお茶屋さんの行灯が石畳を照らす「花見小路通」「西花見小路」「新橋通」「白川南通」は、京都の古き良き街並みが保存されている。さまざまな店が立ち並ぶ通りを歩くだけでも楽しい。

1 祇園で最も絵になる新橋通。近年は茶屋の建物を生かしたおしゃれな飲食店も増えた／**2** 花見小路通。三条通から建仁寺までを南北に走る祇園のメインストリート／**3** 新門前通。古美術、骨董店から現代アートギャラリーなどが集まる／**4** 西花見小路。花見小路の1本西側の細い路地で本来の祇園の雰囲気を漂わす

TRAVEL PLAN

祇園から八坂神社まで四条通をそぞろ歩き。和装小物、甘味処など
芸舞妓さんも通う、祇園の歴史とともに歩んだ老舗ものぞいてみたい。

COURSE

9:00	祇園バス停
↓	徒歩6分
9:10	祇園新橋
↓	徒歩4分
10:10	井澤屋
↓	徒歩5分
11:00	かづら清老舗 祇園本店
↓	徒歩1分
12:00	八坂神社
↓	徒歩10分
14:00	祇園 花街芸術資料館
↓	徒歩1分
15:00	建仁寺
↓	徒歩10分
16:30	祇園バス停

祇園新橋
ぎおんしんばし

巽橋のたもとにある辰巳大明神。芸舞
妓さんから芸事上達の信仰を集める。

かづら清老舗 祇園本店
かづらせいろうほ ぎおんほんてん

MAP P.152-②

慶応元年(1865)創業。長年愛用するファ
ンが多い純粋椿油を使ったヘアケアやス
キンケア商品が人気。上質つげ櫛や髪
飾りなども豊富だ。

☎075-561-0672 交市バ
ス・祇園下車、徒歩3分
所京都市東山区四条通
祇園町北側285 営10:00
～18:00 休水曜 Pなし

髪や肌にやさしい
椿油コスメ

五島特産純粋つばき油2145円。
完全無農薬栽培で希少なオイル
は栄養豊富で全身に使える

八坂神社
やさかじんじゃ

MAP P.152-③

平安遷都以前の創祀と伝わり、山鉾
巡行で知られる祇園祭(P.4)が行わ
れる神社。厄除けや商売繁昌のご利
益でも有名。祇園造の本殿のほか、
多くの摂社末社が建つ。

☎075-561-6155 交市バス・祇園下車
すぐ 所京都市東山区祇園町北側625
休料境内自由 Pなし

全国祇園社の総本社
京の街の守り神

四条通の東の突き当たりに建つ朱塗り
も鮮やかな西楼門

祇園 花街芸術資料館
ぎおん かがいげいじゅつしりょうかん

MAP P.152-④

芸舞妓さんの着物などを展示・紹介して
いる。普段は入ることができない歌舞練
場の見学や芸舞妓さんとの記念撮影、京
舞の鑑賞もできる。

☎なし 交市バス・祇園下車、徒歩10分
所京都市東山区祇園町南側570-2八坂倶
楽部 営11:00～19:00（入館は～18:15)
休第1・3水曜、3月中旬～5月上旬、ほか不
定休 料1500円(記念撮影、京舞は別料金)
Pなし

花街文化を伝える
祇園のミュージアム

常設展では豪奢な友禅の着物、西陣織
の帯から簪(かんざし)、扇子などを展示

井澤屋
いざわや

MAP P.152-①　**芸舞妓さん御用達**
和装小物の老舗

創業から約160年。西陣織や京友禅の
オリジナルバッグや、革小物にちりめ
ん雑貨など上品な商品が並ぶ。

☎075-525-0710 交市バス・祇園下車、
徒歩5分 所京都市東山区四条通大和大
路西入ル中之町211-2 営10:00～20:00
休無休 Pなし

ちりめん刺繍マチ
付きポーチ「舞妓」
3960円。オリジナ
ルの舞妓柄を刺繍
した縮緬地のポー
チ。5色展開

LUNCH

安政7年(1860)創業祇園辻利の茶寮

茶寮都路里
祇園本店
さりょうつじり
ぎおんほんてん

MAP P.152-⑥

京・彩り抹茶そばセット
2200円。抹茶そばに、
ミニあんみつまたは白
玉とわらびもちが付く

☎075-561-2257 交市バス・祇園下
車、徒歩5分 所京都市東山区祇園
町南側573-3 営10:30～20:00
(LO19:00) 休無休 Pなし

建仁寺
けんにんじ

MAP P.152-⑤　**昭和・平成の庭が際立つ**
京都最古の禅寺

建仁2年(1202)、禅と茶を持ち帰った
栄西を開山とした禅寺。俵屋宗達の
『風神雷神図屏風』(展示は複製)で知ら
れるが、襖絵や近年の枯山水庭園、天
井画も印象的。

☎075-561-6363 交市バス・祇園下車、徒
歩10分 所京都市東山区大和大路四条
下ル小松町584 営10:00～17:00(受付
は～16:30) 休4月19・20日、6月4・5日、法
要のある日 料800円 Pあり(有料)

緑苔と巨岩が配された白砂
の美しい方丈南庭の大雄苑

古都の歴史散歩

京都市東山区 MAP P.171 E-3

産寧坂
さんねいざか

清水寺へ続く石畳の坂道に
古き良き京都の情景

石畳の道には、さまざまな飲食店やショップが軒を連ねる。江戸時代末期から大正時代にかけて建てられた伝統的な京町家を店舗としているところも多い

数々の伝説に彩られた坂道は、そぞろ歩きが楽しい。
店ごとに物語があり、その歴史的景観を今に伝えている。

平安京以前から開けた地で、清水寺(P.72)、法観寺、祇園社(八坂神社)などの門前町として発展。各寺社への参詣路として、ゆるやかな上り道の二寧坂(二年坂)に続く産寧坂(三年坂)など、石段や折れ曲がった石畳の坂道に沿って町が形成された。

地区の名前にもなっている産寧坂(三年坂)は、大同3年(808)に造られたため三年坂、または清水寺の子安観音へ安産祈願のための参道だったため産寧坂とも記す。三年坂で転ぶと3年以内に死ぬという逸話もあり、魂を戻すための瓢箪を売る店もある。

産寧坂に続く二年坂。みやげ店や甘味処に竹久夢二寓居跡の碑が立つ

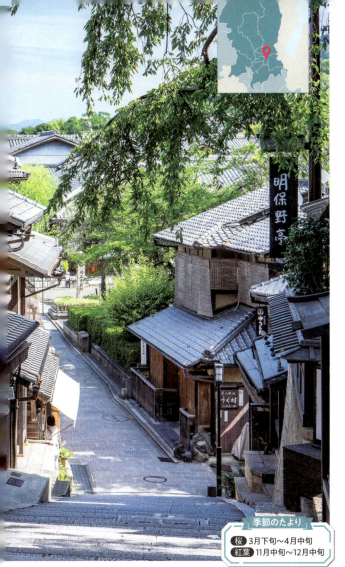

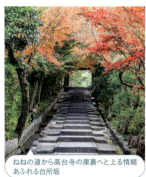

ねねの道から高台寺の庫裏へと上る情緒あふれる台所坂

ACCESS
アクセス

京都駅
↓ 市バス206系統で15分
五条坂または清水道バス停

五条坂または清水道バス停から徒歩10分。または阪急京都線・京都河原町駅そばの四条河原町バス停から市バス207系統で10分、五条坂または清水道下車。

INFORMATION
問い合わせ先
京都総合観光案内所(京なび)
📞 075-343-0548

DATA
観光データ
所 京都市東山区清水2ほか
開/休/料 散策自由 P 周辺駐車場利用

BEST TIME TO VISIT
訪れたい季節

春は桜のトンネルが広がり、夏は緑濃い木々、秋は紅葉が坂道を彩る。どの季節に訪れても賑やかななかに歴史的な街並みが落ち着いた風情を感じさせる。古くからのみやげ物店や甘味処のほかに京都スイーツのカフェやギャラリーなどもオープンし、新旧の発見がある。

古都の歴史散歩

季節のたより
桜 3月下旬～4月中旬
紅葉 11月中旬～12月中旬

周辺のスポット

産寧坂まるん
さんねんざかまるん

MAP P.155

見ているだけでも楽しいカラフルな金平糖や京飴、抹茶菓子などが並び、ギフト対応のアイテムも揃う。

📞 075-533-2005 交 市バス・清水道下車、徒歩6分 所 京都市東山区清水3-317-1 営 10:00～18:00 休 不定休 P なし

びこまるん 各519円。桜、ミニ金太郎飴など、ガラス瓶に詰まったカラフルな金平糖

155

京都市右京区 MAP P.170 A-2

嵯峨鳥居本
さがとりいもと

茅葺き屋根も新緑に溶け
神社の鳥居が鮮やかに映える

町の最西北に建つ愛宕神社一之鳥居。そばにあるススキなどで造られた茅葺き屋根が印象的な茶店は、江戸時代に創業された

> 愛宕山の麓に愛宕神社の参詣道として発展し、
> 茅葺き民家と瓦屋根の町家が共存する。

嵯峨野の西北、愛宕山の麓に位置。約600mの街道が通る門前町は、室町時代に農林業や漁業の集落として栄え、江戸時代には愛宕神社への参詣道としてさらに発展、茶屋なども立ち並んだ。

8体の地蔵尊が並ぶ三叉路から愛宕神社一之鳥居にかけてゆるやかな勾配の坂道が続く。あだし野念仏寺を境に瓦屋根の町家風民家が多い坂下の「下地区」と、茅葺きの農家風民家が多い坂上の「上地区」に分かれており、重要伝統的建造物群保存地区に選定された町並みは、その歴史的景観が今も守られている。

下地区。虫籠窓に京格子などの町家風の建物が並ぶ。しかし内部は田の字型の間取りと土間がある農家建築

ACCESS
アクセス

京都駅
↓ 市バス28系統で45分
嵐山天龍寺前バス停

嵐山天龍寺前バス停から京都バス94系統で12分、鳥居本下車すぐ。または京都駅からJR山陰本線(嵯峨野線)で18分、嵯峨嵐山駅下車、嵐山天龍寺前バス停まで徒歩4分。

INFORMATION
問い合わせ先

京都総合観光案内所(京なび)
☎075-343-0548

DATA
観光データ

所 京都市右京区嵯峨鳥居本
開休料 散策自由 P 周辺駐車場利用

BEST TIME TO VISIT
訪れたい季節

紅葉が楽しめるスポットでもあり、愛宕神社一之鳥居付近の木々も赤やオレンジ色の紅葉が見られ、茅葺き屋根と織りなす景色は、江戸時代の町並みのよう。化野念仏寺では、石仏と周囲に広がる新緑や紅葉を眺めるのもよい。

古都の歴史散歩

五山送り火の「鳥居形」松明は嵯峨の曼荼羅山で灯される。通年入山禁止

季節のたより
桜	4月上旬～下旬
秋明菊	10月中旬～11月上旬
紅葉	11月中旬～12月上旬

周辺のスポット

あだし野念仏寺
あだしのねんぶつじ
MAP P.157

平安時代に空海が風葬で野ざらしの遺骸を弔ったのが起源。寺名の化野という地名は、かつて無縁仏が散乱していた場所を指している。無縁仏となった人々の墓を集めた「西院の河原」が有名。

約8000体の小さな石仏が並ぶ

西院の河原の中央にそびえる十三重の塔。阿弥陀如来坐像を祀る

☎075-861-2221 交 京都バス・鳥居本下車、徒歩3分 所 京都市右京区嵯峨鳥居本化野町17 開 9:00～16:30(1・2・12月は15:30受付終了) 休 無休 料 500円 P なし

> 上賀茂神社に仕えてきた、室町時代から続く社家町。
> 庭園や禊にも使われる清冽な水の流れを追って歩く。

社家とは代々神社に仕えてきた神官の家柄のこと。室町時代に形成された街は、上賀茂神社の境内から流れる明神川沿いに広がる屋敷町だ。江戸時代には社家が300軒ほどに及んだというが、明治時代に社家の世襲制が廃止され、現在は30戸ほどが残る。

川に架かる小橋、屋敷を囲む土塀や門、土塀越しの庭の緑など自然豊かな景観が見られる。メインの藤の木通りにある樹齢約500年の楠の大木にも注目だ。上賀茂神社への参拝と併せて風情が漂う街を散策したい。

上賀茂神社の末社・藤木社。街のシンボルともいえる楠の大木下にたたずむ

ACCESS
アクセス

京都駅
↓ 地下鉄烏丸線で13分
北大路駅
↓ 北大路バスターミナルから市バス北3系統で8分
御薗口町バス停

御薗口町バス停から徒歩8分。または京都駅から市バス9系統で35分、上賀茂御薗橋下車、徒歩9分。ほか京都駅から地下鉄烏丸線で15分の北山駅から市バス4系統で12分、上賀茂神社前下車すぐ。

INFORMATION
問い合わせ先
京都総合観光案内所(京なび)
075-343-0548

DATA
観光データ
所 京都市北区上賀茂山本町
開休料 散策自由 P 周辺駐車場利用

BEST TIME TO VISIT
訪れたい季節

斎王桜、葵祭など、上賀茂神社での花の見頃や祭事に合わせて訪れるのがおすすめ。社家町からすぐの大田神社では、5月上旬から紫色のカキツバタが見頃を迎える。

上賀茂神社の楼門付近には、紅しだれ桜の「斎王桜」が咲く

周辺のスポット

上賀茂神社
かみがもじんじゃ
MAP P.159

厄除けの神を祀る京都最古の神社

創建は飛鳥時代以前とされる。古代豪族・賀茂氏の氏神として知られ、正式には賀茂別雷神社。京都三大祭のひとつ葵祭(P.4)が執り行われる。
℡075-781-0011 交市バス・上賀茂神社前下車すぐ 所京都市北区上賀茂本山339 開 5:30～17:00(二ノ鳥居内) 休無休 料無料 Pあり(有料)

壮麗な楼門は鮮やかな朱色で桃山時代の建築様式を取り入れた構造

祭殿前で目に入る立砂は盛砂ともいい神様の降臨地を示す

天然記念物に指定されているカキツバタの群生地。和歌にも詠まれ古くから親しまれている

大田神社
おおたじんじゃ
MAP P.159

平安時代から続くカキツバタの名所

上賀茂神社の境外摂社で、天鈿女命を祀る。能楽や舞踊など芸事に携わる人々から信仰を集める。
℡075-781-0011(上賀茂神社) 交市バス・上賀茂神社前下車、徒歩15分／地下鉄・北山駅から徒歩20分 所京都市北区上賀茂本山340 開休参拝自由(育成協力金300円) Pなし

古都の歴史散歩

京都市左京区 MAP P.171 E-2

鴨川デルタ
かもがわデルタ

賀茂川と高野川が合流する中州
水辺の飛び石ものどかに

人はもちろん犬、鳥も遊ぶ姿が見られる鴨川デルタ。飛び石は長方形だけでなく、亀や千鳥の形もあって楽しい

ACCESS
アクセス

京都駅
↓ 地下鉄烏丸線で10分
今出川駅

今出川駅から徒歩20分、または京都駅から市バス4・7系統で27分、出町柳駅前下車、徒歩5分。

INFORMATION
問い合わせ先
京都総合観光案内所(京なび)
☎ 075-343-0548

DATA
観光データ
所 京都市左京区下鴨宮河町
開休料 散策自由
P なし

BEST TIME TO VISIT
訪れたい季節
賀茂大橋や河川敷から比叡山や大文字山など東山連峰がよく見え、四季を通じて人々が集う。春は桜が川岸を彩り、夏は飛び石を渡る子どもたちの歓声が響き、秋は川辺で読書や音楽を奏でる場に。

夏の風物詩・鴨川納涼床

「納涼床」または「川床」と呼ばれ、鴨川西岸の二条から五条の間の約100店余が川の上に床を組み、京料理からフレンチやイタリアン、中華、居酒屋、カフェなど、さまざまな味が揃う。
期間 5月1日〜9月30日(店舗により異なる)

街なかでありながら、自然を満喫できるスポット。
映画やアニメのロケ地を巡る「聖地巡礼」としても人気。

季節のたより
桜 3月下旬〜4月上旬
紅葉 11月下旬〜12月上旬

　京都北部から南へ流れる賀茂川は、鴨川デルタで高野川と合流。2本の川が1本になり「鴨川」と名称を変える。
　四条大橋や三条大橋などの繁華街から鴨川の河川敷に下り、比叡山や北山を望みながら上流に遡ると、都会とは思えない広い空があることを実感できる。水鳥が泳ぐ川のせせらぎを聞きながら散歩したり、川べりでカップルが語り合ったりと、地元の人にとっての憩いの場所となっている。河畔の遊歩道から橋に戻り、東西に足を延ばせば古社寺や観光スポットにも近い。

古都の歴史散歩

周辺のスポット

豊かな緑にも注目したい
京都きっての古社

太古の原生林が残る下鴨神社の参道に広がる糺(ただす)の森

下鴨神社
しもがもじんじゃ
MAP P.161

上賀茂神社(P.159)と並ぶ京都最古の神社のひとつ。葵祭(P.4)で知られ、縁結びや美麗の神様などを祀る摂社はパワースポットとしても注目されている。

☎075-781-0010 ❖京都駅から地下鉄烏丸線で13分、北大路駅下車。北大路バスターミナルから市バス1系統で8分、下鴨神社前下車すぐ ⌂京都市左京区下鴨泉川町59 ⏰6:00〜17:00 休無休 無料 Pあり(有料)

161

京都市東山区・左京区 MAP P.171 E-3

蹴上インクライン
けあげインクライン

どこまでも続く鉄道跡地
満開のソメイヨシノが咲き乱れる

ソメイヨシノが線路を包み込むように咲き誇る。淡いピンク色の桜が頭上を埋め尽くし、多くの人々で賑わう桜の名所

> 京都の経済発展に大きく貢献した線路跡地は、
> 線路沿いに桜が華麗に咲き誇るフォトスポットへ。

　琵琶湖疏水を通る船の運航のために敷設された傾斜鉄道跡地。蹴上船溜(ふなだまり)から南禅寺(なんぜんじ)船溜まで全長約582m、高低差約36mもあり、明治23年(1890)の建設当時では世界最長。昭和23年(1948)まで船を載せた台車が線路上を往来していた。国の史跡に指定されている。
　現在、線路上は自由に散策しながら四季が感じられる観光名所に。らせん状に赤レンガが積まれた構造の歩行者用トンネルは、ノスタルジックな雰囲気で人気を集めている。

琵琶湖疏水を行き交った船と、船を運ぶ台車が展示されている

インクラインの下を通るレンガ造りのトンネル。らせん状に積まれだ構造で「ねじりまんぼ」と呼ばれる

ACCESS
アクセス

京都駅
↓ 地下鉄烏丸線・東西線で17分
（途中、烏丸御池駅で乗り換え）
蹴上駅

蹴上駅から徒歩3分。または京都駅から市バス5系統で35分、岡崎法勝寺町下車、徒歩7分。

INFORMATION
問い合わせ先

京都市上下水道局 ☎075-672-7709

DATA
観光データ

所 京都市東山区東小物座町ほか
開 休 料 散策自由
P なし

BEST TIME TO VISIT
訪れたい季節

夏には新緑に包まれ、晴れた日には青空と緑豊かな木々が織りなすコントラストが美しい。紅葉の時季なら、レンガ造りのトンネルからの眺めも一興だ。

古都の歴史散歩

季節のたより
桜 4月上旬〜下旬
紅葉 11月中旬〜12月上旬

今や景勝地としても定着した歴史遺産・琵琶湖疏水

明治18年（1885）、琵琶湖の水を京都へ運ぶ疏水の大工事が開始。設計から施工まで、延べ400万人を動員し、第1疏水が完成するまで5年の月日がかかった。第1疏水は大津市観音寺から伏見堀詰町までの約20kmで、この工事により水力発電や舟運などが可能となり人々の暮らしの発展を実現した。

琵琶湖疏水記念館
びわこそすいきねんかん
MAP P.163

☎075-752-2530 交 地下鉄・蹴上駅から徒歩7分 所 京都市左京区南禅寺草川町17 開 9:00〜17:00（入館は〜16:30）休 月曜（祝日の場合は翌平日）料 無料 P なし

当時の台車の動きがわかるミニチュア模型も用意

163

京都市伏見区 MAP P.168 C-2

伏見
ふしみ

レンガ造りの煙突と木造の酒蔵
菜の花が川沿いに咲いて彩る

大手筋通から菜の花越しに松本酒造を望む。松本酒造は大正時代に建てられ、国の登録有形文化財に登録されている

季節のたより
- 菜の花 3月下旬～4月下旬
- 桜 3月下旬～4月上旬
- 紅葉 11月中旬～下旬

> 歴史の舞台となった城下町、港町、そして酒造りの街。
> 酒蔵が並ぶ川沿いで、四季折々の景観を満喫したい。

豊臣秀吉が築いた伏見城の城下町。高瀬川運河と淀川とを結んだことから、京都と大坂をつなぐ水運の拠点としても栄えた。街を流れる濠川は伏見城の堀で、米や酒などを運ぶ小舟が往来した。多くの船宿が立ち並び、坂本龍馬をはじめとする幕末の動乱の歴史の舞台としてもおなじみだ。

酒造りが盛んな地域としても知られ、水辺と酒蔵が織りなす風景を眺めながらの散策も魅力的。濠川沿いは、白壁と焼杉板の風情ある酒蔵と柳が美しい。東高瀬川沿いは春に咲く菜の花と松本酒造のレトロな建物が見どころ。

ACCESS
アクセス

京都駅
↓ 近鉄京都線急行で10分
桃山御陵前駅

または祇園、東福寺方面から京阪本線を利用して、伏見桃山駅や中書島駅で下車。松本酒造と菜の花のポイントまでは、桃山御陵前駅から徒歩20分、中書島駅から徒歩17分。

INFORMATION
問い合わせ先

伏見観光協会 ☎075-622-8758

DATA
観光データ

所 京都市伏見区
関休料 散策自由 P 周辺駐車場利用

宇治川と淀川を行き交っていた運搬船を再現した十石舟。濠川沿いの酒蔵や柳並木を眺めながら街を巡ることができる

COLUMN

千年の歴史にふれる交差点

旅の玄関口・京都駅を歩く

京都駅には大空広場、空中径路、緑に囲まれた美しい散策路などユニークな広場が点在。
二デック京都タワーや京都市街、五重塔や二条城など、京都の過去と現代の景観が1カ所で楽しめる。

毎時0分と30分には、空中径路のイルミネーションとの連動演出も

古都の歴史散歩

旅人を迎える光の階段
171段からなる感動舞台

大階段
だいかいだん　　4階～屋上

約1万5000個のLEDライトを備えた大階段。四季やイベントに合わせたデザインで、夜の京都駅ビルを色鮮やかに輝かせている。
⏰6:00～23:00(イルミネーションは夕暮れどきから点灯)

京都の街並みを
見渡しながら空中散歩

空中径路(SKYWAY)　10階
くうちゅうけいろ(スカイウェイ)

京都駅の西エリアと東エリアを結ぶ高さ45m、全長185mの空中廊下。ガラス張りの壁面で360度見渡せる。
⏰10:00～22:00

ガラスの反射を生かし、雨や星空をテーマにしたイルミネーションも

京都駅　きょうとえき
京都市下京区　MAP P.171 D-4

📍京都市下京区東塩小路町
🕐施設・店舗により異なる
🅿あり(有料)

写真提供:京都駅ビル開発

165

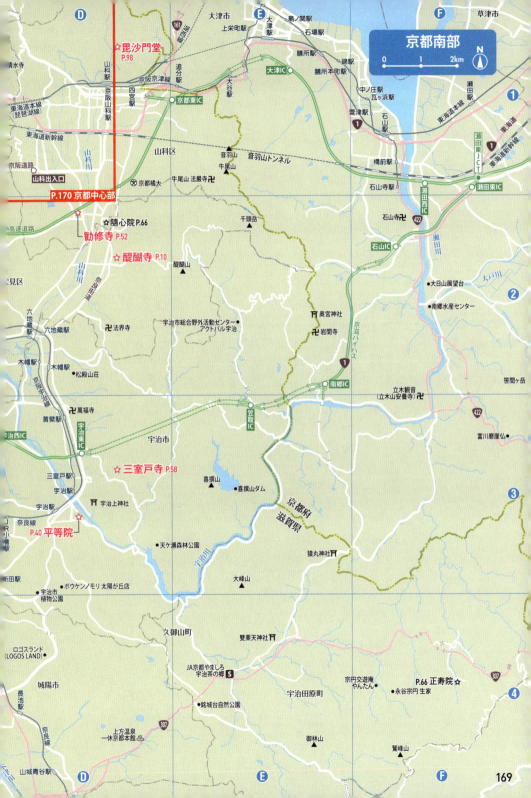

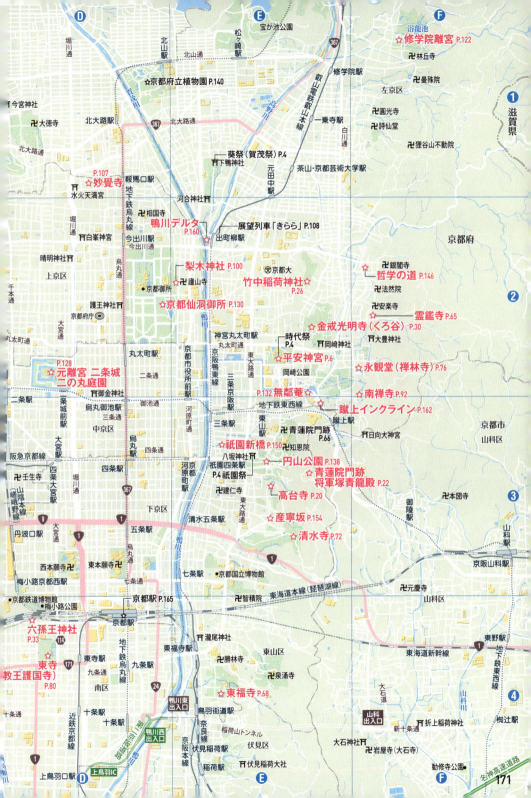

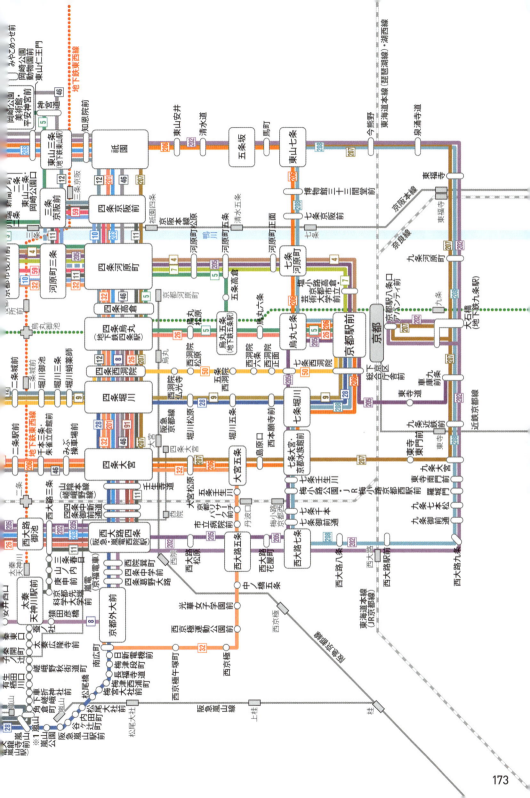

INDEX

あ 葵祭 (賀茂祭) ･･････････････････････ 4
あだし野念仏寺 ････････････････････ 157
嵐山のむら ･････････････････････ 145
嵐山 祐斎亭 ･････････････････････ 145
安楽寺 ･･･････････････････････ 149

い 井澤屋 ･･････････････････････ 153
伊藤久右衛門 本店茶房 ････････････ 59
今宮神社 ･････････････････････ 117
岩倉具視幽棲旧宅 ･････････････････ 137

う ウェスティン都ホテル京都 葵殿庭園 ･････ 79
宇治上神社 ････････････････････ 43
宇治市 源氏物語ミュージアム ･･･････ 43
梅宮大社 ･････････････････････ 57

え 永観堂 (禅林寺) ･･････････････････ 76
叡山ケーブル・ロープウェイ ･･･････ 87
圓通寺 ･･･････････････････････ 55
圓徳院 ･･･････････････････････ 21
延暦寺 ･･･････････････････････ 87

お 大石神社 ･････････････････････ 13
大河内山荘庭園 ･････････････････ 121
大田神社 ･････････････････････ 159
大豊神社 ･････････････････････ 149
大原野神社 ････････････････････ 17
お茶と宇治のまち歴史公園 茶づな ･･･ 59
乙訓寺 ･･･････････････････････ 61

か ガーデンミュージアム比叡 ･･･････ 87
勧修寺 ･････････････････････ 13・52
桂離宮 ･･･････････････････････ 126
かづら清老舗 祇園本店 ･･･････････ 153
Cafe sous le cerisier ･････････････ 13
Cafè de Paris ･･････････････････ 87
上賀茂社家町 ･･･････････････････ 158
上賀茂神社 ････････････････････ 159
鴨川デルタ ････････････････････ 160

き 祇王寺 ･･･････････････････････ 110
祇園 花街芸術資料館 ･･･････････････ 153
祇園新橋 ･････････････････････ 150
祇園祭 ･･･････････････････････ 4
黄桜記念館 Kappa Gallery ･･･････ 39
北野天満宮 ････････････････････ 48
貴船 右源太 ････････････････････ 91
貴船神社 ･････････････････････ 88
キモノフォレスト ･･･････････････ 145
旧嵯峨御所 大本山大覚寺 ･････････ 28・113
京栄堂 小野店 ･･････････････････ 13
京都駅 ･･･････････････････････ 165
京都御所 ･････････････････････ 131
京都しるく 東山高台寺店 ･････････ 75
京都市京セラ美術館 ･･････････････ 9

京都仙洞御所 ･･･････････････････ 130
京都ちどりや 銀閣寺店 ･･･････････ 149
Kyoto 生 chocolat Organic Tea House ･･ 9
京都府立植物園 ････････････････ 140
京都府立堂本印象美術館 ･･････････ 135
京ゆば三田久 清水店 ･････････････ 75
清水坂 ･･･････････････････････ 75
清水寺 ･･･････････････････････ 72
金閣寺 ･･･････････････････････ 117
銀閣寺 ･･･････････････････････ 149

く 鞍馬寺 ･･･････････････････････ 91

け 蹴上インクライン ･･････････････ 79・162
恵文社 一乗寺店 ････････････････ 125
月桂冠大倉記念館 ･･･････････････ 39
源光庵 ･･･････････････････････ 104
建仁寺 ･･･････････････････････ 153

こ 光悦寺 ･･･････････････････････ 105
高山寺 ･･･････････････････････ 51
興聖寺 ･･･････････････････････ 43
高台寺 ･････････････････････ 20・75
御香宮神社 ････････････････････ 39
金戒光明寺 (くろ谷) ･････････････ 9・30

さ 西明寺 ･･･････････････････････ 50
嵯峨嵐山文華館 ･････････････････ 145
嵯峨鳥居本 ････････････････････ 156
嵯峨野トロッコ列車 ･････････････ 108
里の駅 大原 ････････････････････ 47
茶寮都路里 祇園本店 ････････････ 153
三千院 ･･･････････････････････ 44
産寧坂 ･･･････････････････････ 154
産寧坂まるん ･･････････････････ 155

し 史跡 神泉苑 ･･･････････････････ 129
史跡 寺田屋 ････････････････････ 39
詩仙堂 ･･･････････････････････ 125
地蔵院 (竹寺) ･･････････････････ 102
時代祭 ･･･････････････････････ 4
実光院 ･･･････････････････････ 47
十石舟 ･･･････････････････････ 39
実相院 ･･･････････････････････ 136
下鴨神社 ･････････････････････ 161
寂光院 ･･･････････････････････ 47
修学院離宮 ････････････････････ 122
十輪寺 ･･･････････････････････ 32
勝持寺 ･･･････････････････････ 17
常寂光寺 ･････････････････････ 113
正寿院 ･･･････････････････････ 66
城南宮 ･･･････････････････････ 36
正法寺 ･･･････････････････････ 17
青蓮院門跡 ･･････････････････ 23・66

青蓮院門跡 将軍塚青龍殿 ・・・・・・・・・・・・・・・・・ 22
神護寺 ・・・・・・・・・・・・・・・・・・・・・・・・・・・・・ 96
真如堂(真正極楽寺) ・・・・・・・・・・・・・・・・・・ 31
す 随心院 ・・・・・・・・・・・・・・・・・・・・・・・・・ 13・66
鈴虫寺(華厳寺) ・・・・・・・・・・・・・・・・・・・・ 103
せ 西源院 ・・・・・・・・・・・・・・・・・・・・・・・・・・・ 117
清凉寺(嵯峨釈迦堂) ・・・・・・・・・・・・・・・・ 113
赤山禅院 ・・・・・・・・・・・・・・・・・・・・・・・・・・・125
芹生 ・・・・・・・・・・・・・・・・・・・・・・・・・・・・・・・ 47
泉涌寺 ・・・・・・・・・・・・・・・・・・・・・・・・・・・・・ 71
千本釈迦堂(大報恩寺) ・・・・・・・・・・・・・・ 49
た 醍醐寺 ・・・・・・・・・・・・・・・・・・・・・・・・・・・ 10
退蔵院 ・・・・・・・・・・・・・・・・・・・・・・・・・・・・・ 24
大徳寺 瑞峯院・・・・・・・・・・・・・・・・・・・・・・ 117
大悲閣千光寺 ・・・・・・・・・・・・・・・・・・・・・・・ 94
竹中稲荷神社 ・・・・・・・・・・・・・・・・・・・・・・・ 26
竹の径 ・・・・・・・・・・・・・・・・・・・・・・・・・・・・・ 17
ち 竹仙 ・・・・・・・・・・・・・・・・・・・・・・・・・・・・・ 113
竹林の道 ・・・・・・・・・・・・・・・・・・・・・・・・・・・121
中華そば 高安 ・・・・・・・・・・・・・・・・・・・・・・125
て 哲学の道 ・・・・・・・・・・・・・・・・・・・・・・・・ 146
展望列車「きらら」・・・・・・・・・・・・・・・・・・・ 108
天龍寺 ・・・・・・・・・・・・・・・・・・・・・・・・・・・・ 118
と 東寺(教王護国寺) ・・・・・・・・・・・・・・・・ 80
等持院 ・・・・・・・・・・・・・・・・・・・・・・・・・・・・ 134
東福寺 ・・・・・・・・・・・・・・・・・・・・・・・・・・・・・ 68
東福寺 芬陀院・・・・・・・・・・・・・・・・・・・・・・・ 71
東福寺 龍吟庵・・・・・・・・・・・・・・・・・・・・・・・ 71
渡月橋 ・・・・・・・・・・・・・・・・・・・・・・・・・・121・142
鳥せい 本店 ・・・・・・・・・・・・・・・・・・・・・・・・ 39
な 長岡天満宮 ・・・・・・・・・・・・・・・・・・・・・・ 60
中村軒 ・・・・・・・・・・・・・・・・・・・・・・・・・・・・・127
中村藤吉本店 ・・・・・・・・・・・・・・・・・・・・・・・ 43
梨木神社 ・・・・・・・・・・・・・・・・・・・・・・・・・・ 100
名代おめん 銀閣寺本店 ・・・・・・・・・・・・・・ 149
南禅寺 ・・・・・・・・・・・・・・・・・・・・・・・・・・79・92
南禅寺 金地院・・・・・・・・・・・・・・・・・・・・・・・ 93
南禅寺 順正 ・・・・・・・・・・・・・・・・・・・・・・・・ 79
に 西本願寺 ・・・・・・・・・・・・・・・・・・・・・・・・ 83
二尊院 ・・・・・・・・・・・・・・・・・・・・・・・・・・・・ 113
ニデック京都タワー ・・・・・・・・・・・・・・・・・・ 83
仁和寺 ・・・・・・・・・・・・・・・・・・・・・・・・・・18・117
の 野宮神社 ・・・・・・・・・・・・・・・・・・・・・・・・ 121
野村美術館 ・・・・・・・・・・・・・・・・・・・・・・・・・ 79
は 八大神社 ・・・・・・・・・・・・・・・・・・・・・・・・ 125
パンとエスプレッソと嵐山庭園
「エスプレッソと」・・・・・・・・・・・・・・・・・・・・・121
ひ 東天王 岡崎神社 ・・・・・・・・・・・・・・・・・・・ 9
東本願寺 ・・・・・・・・・・・・・・・・・・・・・・・・・・ 83

毘沙門堂 ・・・・・・・・・・・・・・・・・・・・・・・・・・・ 98
平等院 ・・・・・・・・・・・・・・・・・・・・・・・・・・・・・ 40
平野神社 ・・・・・・・・・・・・・・・・・・・・・・・・・・・ 34
琵琶湖疏水記念館・・・・・・・・・・・・・・・・・・・ 163
ふ 福寿園 宇治茶工房 ・・・・・・・・・・・・・・・・ 43
福田美術館 ・・・・・・・・・・・・・・・・・・・・・・・・ 145
伏見 ・・・・・・・・・・・・・・・・・・・・・・・・・・・・・・ 164
伏見稲荷大社 ・・・・・・・・・・・・・・・・・・・・・・・ 71
へ 平安神宮 ・・・・・・・・・・・・・・・・・・・・・・・・・ 6
ほ 宝筐院 ・・・・・・・・・・・・・・・・・・・・・・・・・・ 106
法金剛院 ・・・・・・・・・・・・・・・・・・・・・・・・・・・ 64
宝厳院 ・・・・・・・・・・・・・・・・・・・・・・・・・・・・・121
宝泉院 ・・・・・・・・・・・・・・・・・・・・・・・・・・47・139
法然院 ・・・・・・・・・・・・・・・・・・・・・・・・・・・・ 149
法輪寺 ・・・・・・・・・・・・・・・・・・・・・・・・・・・・・ 95
細見美術館 ・・・・・・・・・・・・・・・・・・・・・・・・・・ 9
ま 松尾大社 ・・・・・・・・・・・・・・・・・・・・・・・・・ 56
円山公園 ・・・・・・・・・・・・・・・・・・・・・・・・・・ 138
曼殊院 ・・・・・・・・・・・・・・・・・・・・・・・・・・・・・125
み 三室戸寺 ・・・・・・・・・・・・・・・・・・・・・・・・・ 58
都野菜 賀茂 京都駅前店・・・・・・・・・・・・・ 83
妙覺寺 ・・・・・・・・・・・・・・・・・・・・・・・・・・・・・107
妙心寺 ・・・・・・・・・・・・・・・・・・・・・・・・・・・・・ 25
妙満寺 ・・・・・・・・・・・・・・・・・・・・・・・・・・・・・ 54
む 宗忠神社 ・・・・・・・・・・・・・・・・・・・・・・・・・ 27
無鄰菴 ・・・・・・・・・・・・・・・・・・・・・・・・・・79・132
も 元離宮 二条城 二の丸庭園 ・・・・・・・・・ 128
や 八坂庚申堂(金剛寺) ・・・・・・・・・・・・・・ 75
八坂神社 ・・・・・・・・・・・・・・・・・・・・・・・・・・ 153
八坂の塔(法観寺) ・・・・・・・・・・・・・・・・・・ 75
八瀬もみじの小径 ・・・・・・・・・・・・・・・・・・・ 87
柳谷観音楊谷寺 ・・・・・・・・・・・・・・・・・・・・・ 62
山科疏水 ・・・・・・・・・・・・・・・・・・・・・・・・・・・ 99
ゆ 由岐神社 ・・・・・・・・・・・・・・・・・・・・・・・・・91
よ 善峯寺 ・・・・・・・・・・・・・・・・・・・・・・・・・・・14
ら 落柿舎 ・・・・・・・・・・・・・・・・・・・・・・・・・・ 113
嵐電・北野線 ・・・・・・・・・・・・・・・・・・・・・・・ 19
り 龍安寺 ・・・・・・・・・・・・・・・・・・・・・・・・・・ 114
る 瑠璃光院 ・・・・・・・・・・・・・・・・・・・・・・・・・ 84
れ 霊鑑寺 ・・・・・・・・・・・・・・・・・・・・・・・・・・・ 65
ろ 六孫王神社 ・・・・・・・・・・・・・・・・・・・・・33・83
廬山寺 ・・・・・・・・・・・・・・・・・・・・・・・・・・・・ 101

STAFF

編集制作 Editors
(株)K&Bパブリッシャーズ

取材・執筆 Writers
嶋嵜圭子
古賀由美子
(株)未来絵
(株)トランスヒューマン(荻原優)

編集協力 Editors
(株)DP-GUILD(石井勇多／中山優花)

本文・表紙デザイン Cover & Editorial Design
(株)K&Bパブリッシャーズ

表紙写真 Cover Photo
PIXTA

地図制作 Maps
トラベラ・ドットネット(株)
尾﨑健一

写真協力 Photographs
関係諸施設
関係各市町村観光課・観光協会
アフロ
PIXTA

総合プロデューサー Total Producer
河村季里

TAC出版担当 Producer
君塚太

エグゼクティブ・プロデューサー
Executive Producer
猪野樹

おとな旅プレミアム
日本の絶景 京都

2025年4月18日　初版　第1刷発行

著　　者	TAC出版編集部	
発 行 者	多 田 敏 男	
発 行 所	TAC株式会社　出版事業部	
	（TAC出版）	

〒101-8383 東京都千代田区神田三崎町3-2-18
電話　03(5276)9492(営業)
FAX　03(5276)9674
https://shuppan.tac-school.co.jp

印　　刷　株式会社　光邦
製　　本　東京美術紙工協業組合

©TAC 2025　Printed in Japan　　　ISBN978-4-300-11649-4
N.D.C.291　　　　　　　　落丁・乱丁本はお取り替えいたします。

本書は，「著作権法」によって，著作権等の権利が保護されている著作物です。本書の全部または一部につき，無断で転載，複写されると，著作権等の権利侵害となります。上記のような使い方をされる場合には，あらかじめ小社宛許諾を求めてください。

本書に掲載した地図の作成に当たっては，国土地理院発行の数値地図（国土基本情報）電子国土基本図（地図情報），数値地図（国土基本情報）電子国土基本図（地名情報）及び数値地図（国土基本情報20万）を調整しました。